영업의 결정적 순간,
코칭이 답이다

# 영업의 결정적 순간, 코칭이 답이다
Coaching the Sale

초판1쇄 인쇄  2017년 2월 1일
초판1쇄 발행  2017년 2월 5일

지은이  팀 어시니 · 게리 드모스 · 제임스 모렐
옮긴이  이태헌 · 김상범
펴낸이  김진성
펴낸곳  호이테북스

편집  정소연, 허강
디자인  장재승
관리  정보해

출판등록  2005년 2월 21일 제2016-000006
주소  경기도 수원시 팔달구 정조로900번길 13 2층(북수동)
전화  02-323-4421
팩스  02-323-7753
홈페이지  www.heute.co.kr
이메일  kjs9653@hotmail.com

Copyright ©by Tim Ursiny and Gary Demoss with James Morel

값 13,500원
ISBN 978-89-93132-50-2 13320

*잘못된 책은 서점에서 바꾸어 드립니다.

# Coaching the Sale

# 영업의 결정적 순간, 코칭이 답이다

팀 어시니 · 게리 드모스 · 제임스 모렐 지음
이태헌 · 김상범 옮김

Contents


|서문| 결정적 순간, 세일즈 코칭으로 승부하라! ·· **8**

|역자 서문| 새로운 환경에 꼭 필요한 새로운 영업 스킬을 제시한다 ·· **17**

|추천사| 영업의 미래, 코칭에서 찾아라! ·· **20**


# 1부
# 코칭

## 1장 영업의 위기: 변화하는 영업, 변화를 요구받는 영업


✓개요 ·· **25**

✓현장 경험 ·· **26**

✓원칙 영업의 성공을 결정짓는 작은 차이 ·· **28**

영업의 진정한 목적 ·· **30**

고객은 교묘한 기법에 속지 않을 정도로 현명하다 ·· **32**

사람들이 명함에 쓰는 용어 ·· **33**

성공에서 삶의 의미로 ·· **35**

영업 기술과 접근법을 왜 변화시켜야 하는가 ·· **36**

당신은 1퍼센트 더 나아질 수 있는가 ·· **37**

코칭의 핵심 ·· **38**

✓실행 과제 ·· **46**


## 2장 컨설팅 영업과 코칭 결합하기


✓개요 ·· **50**

✓현장 경험 ·· **51**

✓ 원칙  컨설팅 영업이란 무엇인가?   ·· 52

코치란 무엇인가?   ·· 54

영업에서 코칭의 정의   ·· 56

보편적 코칭 모델에서 핵심적인 신념   ·· 58

주기 – 받기/주기 – 안내하기   ·· 60

코칭 접근법이 고객 유지와 소개에 미치는 영향   ·· 64

구조적이고 체계적인 접근법에 대한 사례   ·· 66

영업 관리자의 역할   ·· 67

과정은 단순해야 한다   ·· 69

상호작용을 위한 단순한 코칭 모델   ·· 70

✓ 실행 과제   ·· 72

# 2부

# 성공적인 영업을 위한 코칭 모델

## 3장 코칭 모델 1단계: 발견(Discover)

✓ 개요   ·· 79

✓ 현장 경험   ·· 80

✓ 원칙  코치는 어떤 사람인가?   ·· 81

모델의 첫 번째 단계   ·· 89

대화 개시하기   ·· 89

TBOP   ·· 91

코칭 도구: TEAM   ·· 108

3D 코칭 모델의 다음 단계로 넘어가기: '논의' 단계 ·· 117

✓실행 과제 ·· 120

## 4장 코칭 모델 2단계: 논의(Discuss)

✓개요 ·· 129

✓현장 경험 ·· 130

✓원칙  3포인트 플레이 ·· 134

원활한 연결 ·· 135

3포인트 플레이를 만드는 공식 ·· 137

개방형 질문 ·· 142

진정한 대화하기 ·· 143

장애물 제거하기 ·· 145

코칭 도구: 스토리보딩 ·· 148

✓실행 과제 ·· 152

## 5장 코칭 모델 3단계: 결정(Decide)

✓개요 ·· 157

✓현장 경험 ·· 158

✓원칙  책임이 중요하다 ·· 161

코칭 vs 전통적 영업 ·· 163

결정을 위한 모델 ·· 168

코칭 도구: APPA ·· 178

✓실행 과제 ·· 182

3부
✓
# 다음 단계로 도약하기

## 6장 자신감: 내일의 성공을 위한 연료


✓ 개요　·· 187

✓ 현장 경험　·· 188

✓ 원칙　자신감 충전하기　·· 191

　　　코칭 영업인은 왜 유별난 자신감을 갖추어야 하는가　·· 193

　　　자신감으로 가는 다섯 가지 길　·· 195

✓ 실행 과제　·· 214


## 7장 다음 단계: 코치 되기


✓ 개요　·· 219

✓ 현장 경험　·· 220

✓ 원칙　영업인으로서 자신의 목적을 발견한다　·· 222

　　　자신의 옵션을 논의하거나 탐구한다　·· 223

　　　어떤 접근법이 자신에게 최고인지 결정한다　·· 224

✓ 실행 과제　·· 226


|부록|　3D 코칭 모델의 요약　·· 229

# 결정적 순간, 세일즈 코칭으로 승부하라!

———— ◆ ◆ ◆ ————

"관계의 힘은 나에게 유리하도록 모든 장벽을 무너뜨린다."
: 피트 세번스(Pete Sevenns), 배링턴 모토워크스의 최고 영업인

"그냥 둘러보는 중이에요."
: 신발 가게에 들어오는 거의 모든 사람들이 하는 말

## 실패는 성공의 어머니

나의 첫 영업 대상은 우리 회사의 고정 고객이었다. 중요한 건이었고 쉽게 성사될 수도 있었지만 나는 직접 만나러 갔다. 이 경험을 통해 가장 기억에 남는 것은 여기에 소요된 시간이었다. 그 시간을 상세히 나열하면 다음과 같다.

- 시카고에서 미시건 주 북부의 고객 사무실까지 운전하는 데 걸린 시간 = 8시간

- 주차장에서 고객의 사무실까지 걸어가는 데 걸린 시간 = 1분

- 고객에게 나를 소개하는 데 걸린 시간 = 12분

- 구매를 권유하는 데 걸린 시간 = 8분

- 고객이 거절하는 말을 한 시간 = 10초

- 고객의 거절에서 정신을 차리는 데 걸린 시간 = 21분

- 내 차까지 돌아가는 데 걸린 시간 = 1분

- 잔뜩 기가 죽어 시카고까지 운전하고 돌아오는 데 걸린 시간 = 8시간

나의 첫 번째 영업 활동에 걸린 시간은 총 16시간 43분 10초였다. 그렇다면 쉽게 성사될 수도 있었던 건을 허사로 만든 것은 무엇이었을까? 시카고로 돌아오는 길에 나는 스스로를 곰곰이 돌아보았다. 그리고 내가 그 고객에게 다음과 같이 두 가지 질문만 했다는 것을 깨달았다.

1. "이 펀드를 고객님 계좌에 추가해도 되겠습니까?"
2. "화장실이 어딥니까?"

자, 위에서 무엇이 잘못되었을까? 자료 준비와 출장 시간, 프레젠테이션 리허설 등에 온갖 노력을 기울였음에도 불구하고, 나는 영업 활동 과정에서 가장 중요한 '고객과의 대화'라는 결정적 순간에 실패했다. 나를 소개하고, 프레젠테이션을 하고, 고객의 대답을 듣는 데 걸린 시간은 16시간 중 고작 20분에 불과했다. 그 20분은 내가 영업 활동에 투자한 시간 중 극히 일부에 지나지 않았지만, 실제로는 가장 중요한 순간이었다.

내가 대화를 형편없이 이끌었으니 그 결과는 뻔했다. 이 경험으로 나는 고객과 테이블을 사이에 두고 마주 앉아 있는 동안에 제대로 대화를 하는 것이 얼마나 중요한지를 배웠다. 영업인으로 성공하려면 고객과의 대화 기술에 정통해야 한다. 이것을 이 책에서는 '결정적 야드Critical

Yard'라고 부르기로 하자.

미식축구 팬이라면 '결정적 야드'를 넘는다는 것이 어떤 것인지 잘 알 것이다. 이는 4회의 다운down 끝에 득점 라인까지 단 1야드가 남아 있음을 의미한다. 이 상황에서 코치는 득점을 위해 필드골field goal을 할 것인지 터치다운touchdown을 할 것인지를 결정해야 한다.

그렇다면 왜 1야드인가? 공을 1야드 옮기는 것은 그리 어렵지 않다고 생각할 수도 있다. 하지만 마지막 1야드는 득점을 가르는 결정적 거리다. 거기에 오기까지 선수들은 이미 80야드가 넘는 거리를 전진했다. 하지만 마지막 1야드를 넘지 못한다면 그때까지의 노력은 실패로 돌아간다. 1야드는 짧은 거리지만 그야말로 결정적 순간인 것이다.

영업 활동에서도 상징적인 1야드, 즉 '결정적 야드'가 영업인과 고객을 갈라놓는다. 그것은 영업인과 고객 사이의 신비스러운 거리로, 계약이 성공하느냐 아니면 수포로 돌아가느냐를 결정한다. 영업인들은 이 결정적 야드에 가교를 놓기 위해 끊임없이 노력한다. 어떤 영업인은 이런 시도에서 '터치다운계약 성공'을 노리지만 결국 실패로 끝나기도 하고, 어떤 영업인은 수월하게 계약해 성공 경험을 쌓는다. 어떤 때는 이 1야드가 풋볼 경기장의 전체 길이처럼 느껴지기도 한다. 성공률이 높은 영업인은 이 결정적 야드를 쉽게, 습관적으로 돌파한다. 반면 그렇지 않은 영업인은 매번 시도하지만 자신의 무능함에 좌절한다. 아마도 지금 이 책을 읽는 사람들 대부분은 이 둘의 중간쯤에 해당할 것이다.

이 책은 그 결정적 야드를 효과적으로 넘는 체계적인 접근법을 소개한다. 결정적 야드를 넘는 진정한 비결은 고객에게 일방적으로 설명하는 전통적 영업 방식에서 고객의 니즈를 파악하고 해결책을 제시하는 컨설팅 영업 방식으로 바꾸고, 그것을 고객 스스로 고객의 니즈와 해결책을 찾아가도록 하는 코칭 대화와 결합하는 것이다.

컨설팅 영업 방식은 사용된 지 꽤 오래되었고 많은 영업인들이 지금도 활용하고 있다. 하지만 이 책에서 소개하는 '코칭 영업' 방식은 컨설팅 영업과 코칭 기술을 엮어 고객과의 역동적이고 성공적인 대화를 이끌어낼 수 있는 체계적인 모델이라는 독특한 특성을 가지고 있다. 3단계로 구성된 이 영업 모델은 영업 능력을 향상시키고 영업 활동에서 소모되는 에너지와 혼란을 줄여줄 것이다. 그리고 새로운 영업 방식으로 개발된 '코칭 영업'은 영업 스킬을 한 단계 더 높여주고 결정적 야드를 넘어 큰 성과를 거두게 해줄 것이다.


## 최고의 영업인이 하는 말

이 책을 준비하면서 우리는 다양한 분야에서 성공한 많은 영업인을 인터뷰했다. 그들이 말하는 성공 비결은 우리의 연구 결과와 일치했다. 오늘날의 고객은 과거와 달라졌다. 그럼에도 불구하고 영업에서 계속 성공을 거두는 이들은 그런 변화에 잘 적응한 사람들이다. 우리는 배링턴 모토워크스의 영업인인 피트 세번스Pete Severns와 그의 영업 관리자인 탐 마틴Tom Martin을 인터뷰했다. 이들은 재구매를 유도하고 고객들이 구매 과정에서 긍정적인 체험을 할 수 있도록 관계에 초점을 맞추어 성공한 사람들이다. 탐 마틴은 자신의 영업인들에게 고객과 인사하는 법을 훈련시킨다고 말했다. 예를 들면 이런 식이다.

"고객님께 보여드릴 자동차가 여러 종류 있습니다. 하지만 차를 보여드리기 전에 먼저 어떻게 활용할 계획인지 저에게 말씀해주시면 도움이 될 것 같습니다. 그런 의미에서 몇 가지 질문을 드려도 되겠습니까?"

탐은 고객이 진정으로 무엇을 원하는지 모르면 고객에게 좋은 서비스를 제공할 수 없다고 믿는다. 고객의 말을 제대로 듣지 않으면 그들의 니즈를 제대로 충족해주기가 어렵고 그들에게 긍정적인 구매 경험을 제공하기가 쉽지 않다. 이 책은 고객의 긍정적인 경험을 극대화하기 위한 체계적 접근법을 개발할 수 있도록 도와줄 것이다.

## 이 책을 누가 활용할 수 있는가?

성과를 끌어내는 능력 면에서 영업인은 크게 세 가지 단계로 나눌 수 있다. '신참'은 고객을 어떻게 사로잡아야 할지 모른다. '중간급'은 어느 정도 관계는 형성하지만 그다음부터는 독백에 들어가버린다. 마지막으로 '전문가'는 대화를 통해 고객을 효과적으로 사로잡고 공동으로 결과를 만들어낸다. 뻔한 이야기지만 우리도 '신참' 단계에서 영업을 시작했다. 당신은 어느 단계인가? 고객을 지원하고, 고객의 저항이 거의 혹은 아예 없으며, 확고하게 고객 관계를 형성하는 방식으로 진정한 성과를 창출하는 효과적인 시스템을 가지고 있는가?

당신이 진짜 영업 전문가라면, 그리고 적어도 원만한 수입을 유지하고 싶다면 끊임없이 변하는 고객을 이해하고 그에 적응해야 한다. 또한 당신이 영업 관리자라면 영업인들을 어떻게 훈련시키고, 어떻게 피드백을 하며, 어떻게 그들의 멘토 역할을 할 것인지 체계를 갖추는 것이 당신의 의무다. 체계적이고 구조적인 접근법을 갖추지 못했다 해도 큰 문제는 없을 수도 있겠지만 충분히 끌어올 수 있는 좋은 결과를 놓치고 있다는 점은 반드시 기억하기 바란다.

거의 모든 사람이 영업을 한다. 금융 서비스업에 종사하든, 부동산을 취급하든, 성직자든, 잔디 관리자든, 영업을 하지 않는 사람은 거의 없다. 우리 모두는 다른 사람에게 확신을 주거나, 설득하거나, 지원하는 형태로 매일매일, 다양한 수준으로 영업을 하고 있다. 어떤 사람들은 영업 능력이 형편없고, 어떤 사람들은 별다른 노력을 하지 않고도 달인 수준으로 영업을 한다. 영업인으로 가득 찬 세상에서 승자와 패자를 가르는 것은 결정적 야드를 효과적으로 다루는 능력이다.

그렇다면 영업인을 성공으로 이끄는 것은 과연 무엇일까? 과거에 영업인들을 성공으로 이끌었던 방식은 21세기에는 더 이상 통하지 않는다. 이에 대해서는 뒤에서 다시 다룰 것이다. 효과적인 영업을 원한다면 시대의 변화를 그대로 따라가서는 안 된다. 그보다 앞서가거나 변화를 창출해야 한다. 과거에 유능했던 중고차 영업인이 오늘날의 환경에서도 능력을 발휘할 수 있다고 생각하는가? 우리가 사는 세상은 너무나 많이 변했다. 진화를 거부하는 영업인들은 과거에 공룡이 그랬던 것처럼 멸종할 것이다. 하지만 적어도 이 책을 구매한 당신은 지금 상황에서 새로운 기법과 접근법이 필요하다는 것을 알고 있을 것이다.

그렇다면 이 책은 어떤 분야에 적합할까? 많은 유형의 영업인들이 상황에 맞는 코칭 기술을 배워서 이득을 볼 수 있다. 이 책의 저자들은 다양한 경험을 가지고 있다. 여러 분야, 다양한 위치에서 상품을 팔았다.

이 책에 등장하는 예들 중 다수가 금융 서비스 분야인 것은 저자들이 금융 서비스와 관련된 고객들을 많이 경험했기 때문이다. 그러나 저자들의 판매 경험을 모두 합치면 거의 100년가량이 되므로, 이 책에서 말하는 원칙과 기술은 다음과 같은 거의 모든 산업 분야에서 활용할 수 있을 것이다.

- 금융 서비스
- 코칭 및 트레이닝
- 네트워크 마케팅
- 자동차 산업
- 모기지 산업
- 제약 영업
- 보험
- 부동산

기본적으로 고객에게 판매하는 행위가 포함되는 산업 분야라면 어떤 분야든지 이 책에 소개하는 원칙으로 혜택을 볼 수 있을 것이다. 이 책은 체계적이고 구조적인 컨설팅 영업 과정과 시스템을 코칭 기술과 결합해 다음과 같은 목표를 달성할 수 있도록 초점이 맞춰져 있다.

- 고객을 신속하고 효과적으로 사로잡는다.
- 저항과 거부감을 줄인다.

- 활기찬 대화를 통해 고객 스스로 니즈를 발견할 수 있다.

- 고객과 상호 협력적인 거래 관계를 맺는다.

- 노력을 통해 금전적, 개인적으로 가치 있는 결과인간관계를 얻는다.


성공이 조금이라도 무엇인가를 파는 능력에 달려 있다면, 당신은 반드시 새로운 시대의 고객에게 적응하는 법을 배워야 한다. 그리고 책임을 진지하게 받아들이고 성과를 가져다주는 과학적인 방법, 즉 결정적 야드를 돌파하는 법을 배워야 한다.


## 이 책이 의도하는 바와 그렇지 않은 것

이 책은 영업인들이 강력한 성과를 만들어내고, 고객을 만족하게 하며, 체계적인 코칭 유형을 개발하도록 도와주는 과학적이고 강력한 방법을 제시한다. 이 책은 고객 발굴이나 소개를 위한 책이 아니다. 물론 코칭 접근법을 활용하면 고객들로부터 자연스럽게 더 많은 추천을 받을 수 있다. 이 책은 특히 고객과의 대화에 초점을 맞추고 있다. 이 책의 목적은 영업 능력을 한 단계 끌어올려 결정적 야드를 돌파하는 능력을 극적으로 향상하기 위한 것이다. 단순히 장사꾼이 아닌 고객에게 긍정적인 영향을 미칠 수 있는 장기적 관계를 만들고자 하는 영업인에게 적합한 책이라고 할 수 있다.


## 이 책의 구성

각 장은 다음과 같은 동일한 구조를 지니고 있다.

✓인용: 각 장의 주제와 관련된 재미있거나 의미 있는 인용으로 시작해 전체적인 분위기를 파악할 수 있다.

✓개요: 각 장의 내용을 요약해놓았다.

✓현장 경험: 영업인들이 경험한 도전과 관련하여 저자와 고객들의 이야기를 소개했다. 고객 보호를 위해 이름이나 중요하지 않은 세부사항은 실제와 다르게 표기했다. 혼동을 피하기 위해 저자들의 개인적인 이야기의 경우, 저자가 누구인지에 관계없이 주어를 '나'로 설정했다.

✓원칙: 이 부분에서는 원칙, 관점, 정보 등을 다루면서 그 장의 주제를 상세하게 다루었다.

✓실행 과제: 각 장의 마지막에는 혼자 또는 다른 사람들과 함께 연습할 수 있는 질문과 실행 과제를 수록했다.


당신은 이 책의 구성에 따라 읽고 실행 과제를 직접 해보는 것이 좋다. 시간과 노력을 들이지 않으면 그 누구도 기술을 제대로 익힐 수 없다. 당신은 일단 이 책을 구매한 것으로 첫 단계를 넘어선 셈이다. 이제부터 책에서 다룰 정보와 핵심 내용을 충분히 활용해 다음 단계로 넘어가기 바란다. 그리고 컨설팅 판매와 코칭 기술을 결합해 계약을 성사하기 위한 체계적인 모델을 창출하는 과정에 동참하기 바란다.

# 새로운 환경에 꼭 필요한
# 새로운 영업 스킬을 제시한다

글로벌 기업을 중심으로 점진적으로 발전해온 국내 영업의 역사를 돌아보면 영업의 패러다임을 바꾼 혁신이 몇 차례 있었다. 최근에 일어난 혁신 중 대표할 만한 것을 꼽는다면 2012년 HBR에 실렸던 논문 〈The End of Solution Sales: 솔루션 영업의 시대는 끝났다〉가 아닐까 싶다. 브랜트 아담슨Brent Adamson, 매튜 딕슨Matthew Dixon, 니콜라스 토먼 Nicholas Toman은 《챌린저 세일The Challenger Sale》이라는 책에서 그들의 연구 결과를 자세히 소개했다. 이들의 연구 결과는 전통적인 영업 방식에 반기를 든 것으로 지금까지 국내 영업 전문가들이 주장했던 것과는 사뭇 다른 내용이었다.

비슷한 시기에 국내에 소개된 《장사의 시대The Art of Sale》와 《파는 것이 인간이다To Sell Is Human》는 장기간 대형 서점과 온라인 서점에서 베스트셀러가 되면서 국내 영업 분야에 큰 반향을 일으켰다. 국내에서는 이 책의 공동 역자 중 한 사람인 김상범 교수의《영업의 미래》와《영업, 코칭이 답이다》가 베스트셀러는 물론 스테디셀러로 자리 잡으면서 영업 관리나 영업 교육 분야에 새 지평을 열었다.

그런데 문제는 이러한 혁신을 수행하는 데 필요한 스킬을 갖추는 일이 쉽지 않다는 데 있다. 영업의 환경 변화에 따른 새로운 스킬의 필요성은 인식하지만, 어떻게 해야 하는지 구체적인 방법에 대해서는 항상 갈증이 있어 왔다. 이 책은 그 방법을 제시해주는 영업 스킬에 관한 책이다. 연구 결과나 전통적인 영업 기법이 아니라 앞서 언급한 영업 분야의 혁신에 필요한 구체적인 스킬을 가르쳐주는 매뉴얼이다.

공동 역자인 우리는 국민대학교 리더십 코칭 MBA 시절 스승과 제자로 만났다. 20년 이상 영업 분야에서 전문성을 쌓아온 우리는 서로를 금세 알아보았다. 이렇게 맺어진 인연은 국내 최초이자 최고의 영업 MBA인 서울과학종합대학원 박사 과정으로 이어져 지금은 영업 성과와 코칭에 대한 다양한 연구를 하고 있다.

우리는 새로운 영업 패러다임에 적합한 스킬을 제시할 만한 책을 찾고 있었다. 이 책은 이미 2006년에 국내에 한 번 소개된 바 있다. 그러나 시기가 빨랐다. 컨설팅과 코칭을 결합한 획기적인 영업 방식인 '코칭 영업'은 당시 코칭에 대한 이해가 부족했던 국내 기업과 영업인들에게는 생소한 개념일 수밖에 없었다. 때를 잘못 만났던 것이다.

2002년부터 국내에 소개되기 시작한 코칭은 현재 4,000명<sub>한국코치협</sub>회인증 기준의 전문 코치 시대로 접어들었다. '전문 코치'는 이미 각 분야에서 일상용어가 되어 하나의 직업으로 당당히 자리 잡았다. 우리는 이 책을 영업과 코칭에 대한 전문성과 이해를 바탕으로 다시 번역하기로 합의했다. 우리는 전문 코치이자 영업 전문가로서 현장에서 코칭을 통해 크게 향상된 영업 성과를 경험했다. 또한 학문적으로도 코칭을 통한 영업 성과를 여러 차례 실증했다.

이 책은 영업 현장에서 느끼는 새로운 영업 스킬에 대한 갈증을 해소해줄 것이다. 처음부터 차근차근 읽고 현장에서 적용한다면 당신은 보람과 성과를 동시에 맛보는 신비로운 영업의 세계를 경험할 수 있을 것이다. 부디 이 책과 더불어 이 땅의 모든 영업인들이 새로운 변화에 걸맞은 영업 스킬을 갖추고 장사꾼이 아닌 진정한 성공 파트너인 '코치'로 거듭나기를 바란다.

역자 이태헌, 김상범

# 영업의 미래,
# 코칭에서 찾아라!

인류의 역사는 영업의 역사라고 해도 결코 과언이 아니다. 세계적인 미래학자인 다니엘 핑크의 《파는 것인 인간이다》라는 책을 굳이 들먹일 필요도 없이 영업은 인류에게 가장 오래된 직업 중 하나이다. 영업은 산업, 문화와 영향을 주고받으며 지속적으로 변화를 거듭해 인류 문명의 발달에 기여해왔다.

매스미디어, 즉 대중매체를 통해 주로 정보가 전달되었던 20세기를 지나 다양한 소셜미디어로 수많은 정보가 생성되고 전달되는 지금 영업은 또 한 번 큰 변화를 눈앞에 두고 있다. 경영의 최전선인 영업 현장에서 우리는 이미 그러한 변화를 직접적으로 목도하고 있다. 스마트 기기들의 발달에 따른 넘쳐나는 정보의 공유로 고객들은 그 어느 때보다 다양한 정보를 바탕으로 똑똑해지고, 까다로워졌으며, 시시각각 기호가 바뀌고 있다. 반면에 정보 독점이라는 커다란 무기를 잃고 무장 해제된 영업인들은 판매라는 거대한 벽에 부딪히고 있다.

그 결과, 과거에 신앙처럼 여겨지던 많은 영업 기법이 쓰레기통에 버려지고, 영업인은 자신의 지위와 역할에 대한 새로운 정의와 개념의 정립을 요구받기에 이르렀다. 어디 그뿐인가. 기존에 가지고 있던 고객과 영업인의 관계 또한 새로운 형태로 재편해야 하는 상황에 직면했다.

영업인들에게는 이 모든 것들이 전에 없던 변화로 여겨질 것이다. 아직 제대로 된 대처법을 찾지 못해 우왕좌왕하는 사람들이 많다. 지금까지 영업인들은 자신의 영업 분야에서 성공한 사람들을 분석하고 벤치마킹하는 데 몰두해왔다. 시중에 나온 책이나 교육을 받을 때 참고하는 자료들도 대부분 비슷했다. 그러나 이제 그러한 책이나 자료들은 유통기한에 도달했다. 우리 몸에 맞지 않아 불편할 뿐만 아니라 실천하지 못했을 때는 좌절감과 자괴감만 안겨주기 때문이다.

그렇다면 어떤 방법이 위기에 처한 영업인들에게 해법을 줄 수 있을까? 이 책이 다루고 있는 컨설팅 영업과 코칭 화법의 결합이 그 답이 될 수 있으리라 확신한다. 이미 선도적인 영업 조직과 영업인들은 이를 도입하고 현장에서 실천함으로써 새로운 영업의 길을 열어놓았다. 그리고 성과 및 고객과의 관계, 영업인의 역량 강화에서 직접적으로 큰 효과를 보았다. 이를 통해 그들은 변화에 이끌려다니는 것이 아니라, 오히려 적극적으로 변화를 선도하거나 창출하고 있다.

최근 많은 기업들이 혁신을 주창하고 있다. 애플과 구글의 성장에 혁신이 자리하고 있었다는 사실이 알려지면서 기업들은 혁신적인 조직으로 거듭나야 한다며 시스템을 정비하고, 혁신을 위한 여러 아이디어를 실행에 옮기고 있다. 이것은 영업 조직도 예외가 아니다. 하지만 하드웨어 격인 혁신을 위한 담론만을 이야기할 뿐 소프트웨어 격인 혁신에 대한 구체적인 방법론에 대해서는 언급조차 못하고 있다. 이 책은 그것을 찾는 데 제격이다.

이제는 만드는 것에 그치는 것이 아니라 팔아야 하는 세상이다. 고객에게 가치를 제공하고, 판매하기 위해서는 여러 가지가 필요하다. 파는 주체인 영업 조직의 제대로 된 시스템과 시대에 맞는 영업인의 소양과 새로운 기법은 기본이다. 그럴 때 비로소 영업 조직은 영속성을 유지하고, 영업인은 성과를 달성할 수 있다.

이를 위해 이 책은 영업 조직과 영업인들에게 코칭을 도입할 것을 권하고 있다. 선택은 물론 당신의 자유이다. 하지만 다가올 물결은 피한다고 해결되는 것이 아니다. 가야 할 길이 분명하다면 머뭇거릴 것이 아니라 성큼성큼 걸음을 옮겨야 한다. 이 책의 내용을 받아들이고, 활용하는 데 주저하지 마라. 장밋빛 미래는 꿈꾸는 자의 것이 아니라 실행하는 자의 몫이다.

㈜콤텍시스템 회장 남석우

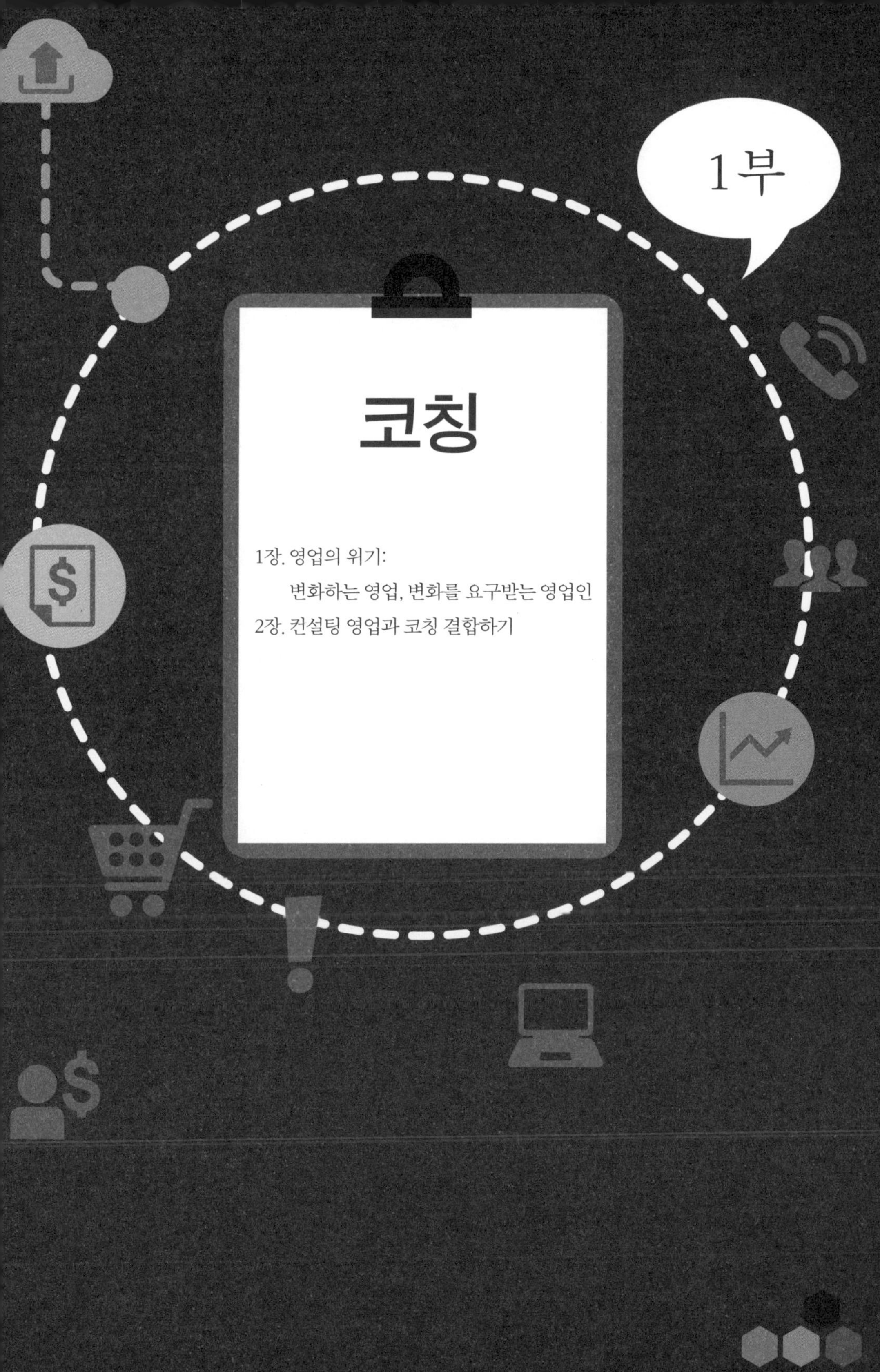
1부
코칭
1장. 영업의 위기:
변화하는 영업, 변화를 요구받는 영업인
2장. 컨설팅 영업과 코칭 결합하기

# 영업의 위기:
# 변화하는 영업, 변화를 요구받는 영업

—— • • • ——

"인생에서 죽는 것보다 더 끔찍한 상황이 있어.
혹시 보험 외판원과 함께 저녁시간을 보내본 적 있어?"
: 우디 앨런(Woody Allen)

"지금은 이 차가 별로라고 하시겠지만 일단 운전해보세요.
생각이 달라질 겁니다."
: 영화 〈Vacation〉에 나오는 자동차 영업인의 말

## | 개요 |

한때는 주식 중개인이라 불렸던 사람들이 이제는 재무 컨설턴트 또는 자산 관리 컨설턴트가 되었다. 금융 서비스는 최근에 영업인의 개념을 컨설턴트라는 이름으로 포장한 업종 중 하나이다. 이 장에서 우리는 이처럼 영업인을 부르는 직함은 바뀌었어도 그들의 습성은 제자리에 머물러 있다는 점에 대해 살펴볼 것이다. 그리고 영업인들에게 장애가 되는 새로운 도전거리와 트렌드도 살펴볼 것이다. 이러한 트렌드 때문에 영업인들이 맞닥뜨린 미묘하면서도 불가피한 위험 상황이 무엇인지 알아보고 이를 해결하기 위한 유일한 방법은 영업 방식을 한 단계 진화시키는 것이라는 점도 논의할 것이다. 그리고 마지막으로 이러한

진화의 길을 성공적으로 진행하기 위한 체계적인 모델의 필요성을 제
시할 것이다.


## | 현장 경험 |


　나는 중고차를 사고 싶었고 원하는 자동차 모델도 정해놓았다. 중고
자동차를 구매한 경험이 풍부한데다 과거에 속이 부글부글 끓었던 경
험도 많았기에 나는 일단 나름대로 조사를 해보고 싶었다. 그래서 잡지
《클라이언트 리포트Client report》를 사서 읽었고, 웹사이트를 뒤졌으며,
카맥스CarMax. 미국 최대의 중고차 판매회사에 가서 내가 원하는 차를 얼마
에 파는지도 알아보았다. 한마디로 나는 중고차 대리점에서 존이라는
영업인을 만났을 무렵에는 나름대로 이 분야에 꽤 많은 지식을 쌓아놓
은 셈이었다.

　존은 말주변이 좋았고 마치 오래전에 헤어진 형제처럼 반갑게 나를 맞
아주었다. 그는 즉시 주도권을 잡고 대화를 이끌어 나갔다. 나는 그의 기
나긴 독백이 너무나도 참기 힘들어 다음과 같은 말로 그의 입을 막았다.

　"존, 그런 정보를 다 얘기할 필요는 없습니다. 저는 원하는 차를 정해
놓았고, 그 차를 사려면 얼마를 내야 하는지도 아니까요."

　내가 직설적으로 말하는 바람에 존은 약간 기세가 꺾인 듯했다. 우리
는 그의 자리로 가서 다시 협상을 시작했다.

　존에게, 나는 '판매 당하고' 싶지 않으며, 그저 내가 살 자동차와 거

래 조건에 대해 정직하고 솔직하게 대화하기를 원한다고 말했다. 그런 다음 그에게 "솔직하게 말하죠, 존. 저는 당신 회사가 그 중고차를 얼마 주고 샀는지도 알고 있고, 당신 입장에서 어느 정도면 적절한 이득이 되는지도 대충 감이 옵니다. 그러니 저는 이 정도 금액이면 기꺼이 내겠어요."라며 내가 생각한 금액을 말했다. 존은 앉은 채로 의자에 등을 기대더니 고개를 저으며 말했다.

"그 금액은 전혀 아닌데요. 인터넷을 찾아보셨나 본데, 거기에 나오는 정보는 다 엉터리예요. 사실 저희 회사는 그 자동차를 구입할 때 그보다 더 많은 돈을 지불했습니다."

나는 존의 눈을 똑바로 바라보면서, 당신이 생각하는 적절한 수수료가 얼마인지에 대해 더 이야기할 수도 있지만 내가 이렇게 솔직하게 나왔으니, 당신도 속임수는 쓰지 않았으면 좋겠다고 말했다. 그러자 존은 자신은 지금 정직하게 말하고 있다고 항변하면서 내가 한 말에 상처를 받았다는 듯이 행동했다.

"이대로 계약하면 저희가 손해를 보는 겁니다. 계산서를 보여드릴 수도 있어요."

나는 계산서에 있는 항목 중 일부는 당신들에게 이득이 되면 되었지 비용에는 해당되지 않는다고 지적했다. 그러자 존은 내 말이 틀렸다면서 자기 상사와 이야기를 하러 갔다가 돌아와서는 내게 계산서를 보여주면서 앞뒤가 안 맞는 말을 늘어놓았다. 내가 의심했던 대로, 존이 내민 계산서는 그가 거짓말을 하고 있다는 것을 증명했다. 나는 그 자리에서 사무실을 박차고 나왔다. 존은 사무실을 나서는 나를 따라와서는 내가 처음에 제시했던 금액으로 그 차를 사라고 권했다. 자기 상사 때문에 처음에는 그럴 수밖에 없었노라고 농담처럼 말하면서 말이다. 하지만 때는 이미 너무 늦어버렸다. 존에 대한 내 신뢰가 산산이 무너졌기 때문이다.

그런데 존이 몰랐던 사실이 있다. 나는 존이 처음에 제시했던 금액보다 더 많은 돈을 지불할 의사가 있었다는 것이다. 나는 평생 수수료를 받는 직업을 가지고 살아온 사람이다. 금전적으로 힘들다는 것이 어떤 것인지, 성공한다는 것이 어떤 것인지도 잘 안다. 존이 내게 솔직한 태도를 보이며 이득을 좀 더 보고 싶다고 말했다면 나는 제시했던 금액보다 돈을 더 주고서라도 그 차를 샀을 것이다. 나는 능력 있는 영업인이 자기 능력만큼 돈을 버는 것은 괜찮다고 생각한다. 다만 나를 불편하게 하는 것은 누군가가 나를 아무것도 모르는 사람처럼 취급하는 것이다. 나는 존의 속임수에 빠지기에는 너무나 많은 지식을 갖추고 있었기 때문에 존은 나에게 차를 팔지 못한 것이다. 이처럼 오늘날의 고객은 과거의 고객들과는 확연히 다르다.


| 원칙 |

## 영업의 성공을 결정짓는 작은 차이

지식이 풍부한 고객이 엄청나게 증가하고 있다. 요즘 고객들은 인터넷과 다양한 정보 검색으로 어떤 것이 좋은 거래이고 어떤 것이 그렇지 않은 거래인지 결정하는 데 도움이 되는 자료를 구할 수 있다. 또한 요즘 고객들은 과거 그 어느 때보다도 교육을 많이 받았고, 능력도 있으며, 키보드로 세상을 좌지우지할 수 있다고 생각한다. 이런 상황은 고객들에게는 환상적일 수 있지만, 기존의 영업인들에게는 커다란 난제가 될 수 있다.

높은 수준의 교육과 지식으로 인해 고객의 요구사항도 달라지고 있다. 고객들은 제품과 서비스를 팔려는 사람들로부터 더 많이 존중받고 싶어 한다. 따라서 오늘날의 고객을 과거의 고객처럼 대해서는 안 된다. 둘은 밤과 낮만큼이나 다르기 때문이다. 아래 그림은 고객의 지적 수준과 계약에 성공하는 데 필요한 기술 수준 사이의 관계를 보여준다. 이는 기본 상식인데도 놀랍게도 많은 사람이 실제 상황에서 활용하지 못하고 있다.

**|그림1| 영업에서 성공과 실패 사이의 작은 차이**

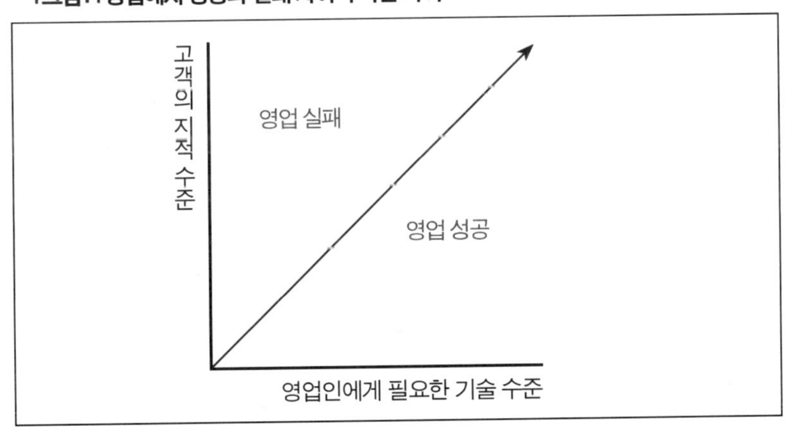

이런 변화는 기존의 영업인에게 커다란 난제를 안기고 있다. 사람들에게 무언가를 팔기가 더 어려워진 것이다. 정확히 말하면 기존의 영업기법을 고수하다 보니 어려워진 것이다. 지금도 기존의 기법을 사용하는 사람들은 녹초가 되어서 퇴근한다. 어떤 사람들은 지독하게 열심히 일하지만 빤히 들여다보이고 역겨운 느낌을 주는 접근법과 전술을 사용하느라 에너지를 낭비한다. 설령 고귀한 의도가 있는 영업인이라 하더라도 잘못된 접근법을 사용하면 진이 빠지거나 매우 피곤하게 한 주를 마무리하기 십상이다.

극도의 피로를 느끼는 것은 영업에 종사하는 사람들이라면 흔히 겪는 현상이다. 이런 현상이 생기는 이유는 성공을 위한 장기적인 에너지가 부족하기 때문이다. 계속해서 다른 사람을 설득하고 거절에 대응하면서 늘 밖으로 돌아다니는 영업인들은 에너지를 재충전하고 보충하는 법을 배우지 않는다면 언젠가는 에너지가 고갈될 수밖에 없다. 자신감이라는 에너지에 대해서는 이 책의 6장에서 다루고 있다. 오늘날 영업은 고객의 삶에 진정으로 가치를 더해주는 행위이다. 진정한 가치를 더하는 영업인이야말로 오늘날의 환경에서 탁월한 능력을 발휘할 수 있다.

## 영업의 진정한 목적

형편없고 부도덕한 영업인은 사람들에게 영업에 대해 나쁜 인상을 심어준다. 영업인이 존중, 책임감, 진정한 서비스 정신을 가지고 임한다면 영업은 명예로운 천직이 될 수 있다. 영업은 기본적으로 사람을 행복하게 만드는 기술에 관한 것이다. 사람들의 삶을 더 수월하고 즐겁게 만들어주는 상품을 소개해 그들을 행복하게 만들거나, 가치 있는 서비스를 제공하여 그들을 기쁘게 할 수 있다. 어느 쪽이든 간에 성공적인 영업인의 주요 역할은 구매자에게 만족감을 주어 그들의 삶에 진정한 가치를 더하는 것이다.

그러나 우리는 종종 이 사실을 망각한다. 영업에서 오는 금전적 보상에 치중하다 보니 더욱 깊은 의미와 목적을 제대로 보지 못하는 것이다. 그렇다고 영업인들을 오해하지 마라. 사람이라면 누구나 잘 살기를 바라고, 가족이 풍족한 삶을 누리고, 우리보다 돈이 없는 사람들을 도우고 싶어 한다. 당신이 만약 이 책을 통해 도움을 받고자 한다면 영업을 단순히 돈에 관한 문제로 결론 지어서는 안 된다. 물론 제대로 영업할 때 돈이 따라온다는 것을 당신은 경험을 통해 알고 있을 것이다. 그 돈은 바로 고객을 기쁘게 하려는 진정한 욕망에서 오는 것이며, 진심과 그렇게 할 수 있는 효과적인 기술에서 나온다.

과거 영업인들은 어느 정도까지는 고객에 대한 자신의 배려 수준을 '위장'할 수 있었다. 그러나 오늘날의 고객은 과거보다 훨씬 회의적이며, 자신의 이득만을 위해 기계적으로 영업하는 영업인을 '냄새'만으로 알아차린다.

# 고객은 교묘한 기법에 속지 않을 정도로 현명하다

영업인은 진정한 관심과 태도와 더불어 기술도 아주 뛰어나야 한다. 오늘날은 특히 그렇다. 요즘 사람들은 접근하기가 매우 힘들다. 그들은 이메일과 보이스 메일을 보내는 영업인을 걸러낼 뿐만 아니라 기존의 영업인들이 사용하는 속임수에도 넘어가지 않을 정도로 현명하다. 우리에게 중고차 영업인이 가격을 조정하기 위해 상사와 의논해보겠다고 말한다면 얼마나 많은 사람들이 의심의 눈길을 보내겠는가? 우리가 사용하는 신용카드 회사의 전략적 파트너 기업으로부터 특별 서비스를 제공받을 자격이 되셨다는 텔레마케터의 말에 얼마나 많은 사람들이 넘어가겠는가? 또한 자기네 회사의 플랜에 참여만 하면 6개월 만에 큰돈을 벌 수 있다는 네트워크 마케터의 말을 얼마나 많은 사람들이 믿겠는가?

우리가 사는 세상은 불신으로 가득 차 있다. 옛날 유형의 영업 방식은 이제는 '속임수' 취급을 받는다. 요즘 사람들은 '공격'할 목적으로 잠시 동안 귀를 기울이는 척했다가 자신이 말했던 것과는 아무런 상관이 없는 상품이나 해결책을 내놓는 영업인들을 더 이상 용납하지 않는다. 이미 그런 것에 이골이 났기 때문에 더 이상 당하지도 않는다.

이제는 고객의 경험담이나 각종 정보를 인터넷에서 원하는 즉시 쉽게 얻을 수 있다. 디지털 카메라를 사고 싶으면 온라인에서 스무 가지가 넘는 브랜드를 즉시 찾아내 특징과 혜택을 비교해볼 수도 있다. 더 이상 영업인의 말을 믿을 필요가 없으며, 사실상 영업인의 말을 믿어도 되는 것인지에 대해 생각도 하지 않는다. 우리는 정부도 믿지 않고, 회사 상사의 말도 믿지 않는다. 심지어는 배우자도 믿지 않을 때가 있다. 그런데 왜 우리에게 무언가를 팔려는 사람의 말을 믿으려 하겠는가?

영업인들은 컨설턴트라는 이미지를 창출함으로써 이런 트렌드에 적응하려고 노력해왔다. 영업인들은 사람들이 구매 권유보다는 컨설팅 상담을 원한다는 사실을 알고 있다. 고객은 자신이 무엇을 필요로 하는지 이해하고 올바른 결정을 내리도록 코칭할 수 있는 영업인을 원하며, 영업인들도 그것을 알고 있다. 그러나 이러한 상황에서 변화를 완성하려는 방법이 기껏해야 명함을 새로 찍는 정도에 그치는 것이 문제이다.


## 사람들이 명함에 쓰는 용어

요즘 영업인들이 자기를 나타내는 직함으로 '컨설턴트'라는 말을 얼마나 많이 쓰는지 살펴본 적이 있는가? 인터넷으로 '컨설턴트'를 검색해보면 앞부분에 나오는 직업들은 다음과 같다.

- 수의학 컨설턴트
- SAP 컨설턴트
- 레스토랑 컨설턴트
- 유지 관리 컨설턴트

- 상담 서비스 컨설턴트

- 비즈니스 컨설턴트

- 스포츠 컨설턴트

- 금융 컨설턴트

- 보험 컨설턴트

- 수학 컨설턴트

- 자동차 컨설턴트

직함이 변하고 있다는 것은 분명하다. 영업인들은 사람들이 물건을 팔려고 드는 것보다는 컨설팅을 원한다는 것을 깨달았다. 고객의 입장에서 얼마나 좋은 일인가? 영업인들이 컨설턴트가 되어가고 있다니! 그렇다면 고객들은 지금쯤 좋아 죽을 지경이 되지 않았을까? 하지만 불행히도, 이런 변화의 대부분은 그저 명함을 새로 찍은 것에 지나지 않는다. 이들은 '컨설턴트'라는 단어를 명함에 새겼을 뿐 기존 개념을 그대로 유지하고 있는 영업인에 불과하다. 다만 멋지고 반짝거리는 새 명함을 가졌다는 사실만 다를 뿐이다.

실제로 대다수 영업인들은 직함만 바뀌었을 뿐 기술과 사고방식은 전혀 바뀌지 않았다. 그 결과, 영업인과 고객 사이의 상호작용은 뿌린 대로 거두는 관계에 머물러 있다. 고객에게 집중하지 않고, 강력한 질문을 하지 않고, 주의 깊게 귀 기울이지 않고, 정확하게 반응하지 않는다면 고객에게 '컨설팅'을 제공하지 못하거나 최고의 해결책을 제시하지 못할 가능성이 높다.

당신의 명함에 대해 생각해보라. 명함에서 드러나는 당신은 누구인가? 당신은 명함에 새긴 문구대로 살고 있는가? 당신이 갖춘 기술은 당신의 명함에 적힌 직함을 따라가고 있는가? 그렇지 않다면, 모든 문제는 당신에게 있는 것이다.

## 성공에서 삶의 의미로

영업인이 위기에 몰리는 결정적 한 가지 요소가 있다. 이는 중년이라는 나이와 관련이 있다. 미국의 경우에는 다수가 베이비부머 세대다. 인생에서 40대에는 흥미롭고 획기적인 사건이 많이 일어난다. 물론 그 이전이나 이후에도 일어날 수 있지만 40대를 거칠 때 더욱 일반적으로 일어난다. 즉, 40대가 되면 성공을 추구하는 것에서 삶의 의미를 찾는 것으로 욕구의 초점이 이동한다. 어느 정도 성공을 경험한 사람은 문득 성공한 삶이 재미있기는 하지만 이것만으로는 충분하지 않다는 것을 깨닫게 된다. 인생에 무언가가 더 있다는 것을 깨닫고, 일종의 유산을 남기고 싶다는 강렬한 욕구를 느끼기 시작한다.

자신을 전통적인 영업인이라고 보는 사람들 중 대다수는 자신의 직업에서 큰 성취감을 느끼지 못한다. 별 볼 일 없는 물건을 사라고 사람들을 설득하기보다는 더 큰 무언가가 있지 않을까 하는 생각이 한 번쯤 머리를 스쳐 지나간다. 심지어 영업으로 고소득을 올리는 전문가조차도 성공과 함께 찾아오는 궁극적인 공허함에 의문을 품기 시작한다.

이런 생각은 사람들이 세상과 다른 사람들의 삶에 영향을 미칠 수 있는 또 다른 방법을 찾고자 할 때 찾아온다.

경이로운 사실은 적절한 기술과 마음가짐만 있다면 영업이라는 직업을 통해서도 삶의 위대한 의미를 발견할 수 있다는 점이다. 인생에서 이 시기를 성공적으로 돌파한 사람은 지위보다는 직업이나 지위를 '어떻게' 수행했느냐가 삶의 의미를 만들어내는 데 더 큰 관련이 있다는 점을 깨닫는다. 이 책에서 제시한 3단계 코칭 모델은 영업이라는 직업을 통해 삶의 큰 의미를 찾고 고객과 우리의 삶에 중대한 영향을 미칠 수 있도록 도움을 제공할 것이다.


## 영업 기술과 접근법을 왜 변화시켜야 하는가?

자, 그렇다면 우리는 왜 자신을 변화시켜 한 단계 발전한 영업인으로 나아가야 할까? 그 이유를 요약하면 다음과 같다.

- 고객의 교육 수준이 높아지다 보니 과거의 모습 그대로 남아 있는 영업인들은 공룡만큼이나 한물가버렸다.
- 기존의 영업 방식은 시간과 에너지를 너무 많이 잡아먹어 결국 고객의 저항감을 불러일으키고 결과도 더욱 신통치 않아졌다.
- 기존의 영업 방식은 고객의 삶에 진정한 가치를 더한다는 영업의 고귀한 소명을 달성하지 못한다.

- 오늘날의 고객은 그 어느 때보다도 영리하며 자신을 조종하려 드는 기법과 접근법에는 아예 관심을 꺼버린다.
- 당신이 직접 말로 하든 명함에 써놓았든 스스로를 컨설턴트라 칭하면서도 기존의 영업인과 똑같이 행동한다면, 고객들의 기대치를 충족해주지 못할 것이다.
- 다른 방식으로 영업을 시도하는 것은 영업인으로서의 삶에 더 큰 영향을 미치고 의미를 부여하고 싶은 이들에게 도움을 줄 수 있다.

진정한 영업인에게는 성장의 필요성을 굳이 설득할 필요가 없다. 그들은 그 사실을 이미 알고 있고 실천하고 있다. 이 책에서는 당신을 그런 영업인이라고 가정하겠다. 이 책을 읽고 있는 당신은 우리가 지금 논하는 영업인의 위기를 이미 인지하고 있다고 가정하고, 위에서 언급한 이슈 하나하나를 효과적으로 설명하면서 우리의 영향력과 금전적인 보상을 확대할 수 있는 접근법을 제시하고자 한다. 앞에서 말한 것처럼 우리는 이런 위기에 대한 해결책이 영업인이나 영업 컨설턴트에서 벗어나 코치라는 더욱 심오한 정체성을 갖는 것이라고 믿는다.

## 당신은 1퍼센트 더 나아질 수 있는가?

어떤 분야에서든 최고로 인정받는 사람일지라도 자신보다 못한 다른 사람보다 50퍼센트 이상 뛰어난 것은 아니다. 실제로 정상에 있는 사람들은 불과 1, 2퍼센트 정도 더 나을 뿐이다. 타이거 우즈Tiger Woods, 미국의 세계적인 프로 골퍼 처럼 성공한 선수도 다른 골프 선수들보다 50퍼센트 이상 뛰어난 것은 아니다. 스코어를 비교해 그 결과를 보면 그 차이는 아주 작은 경우가 대부분이다.

하지만 1퍼센트가 얼마나 큰 영향을 미치는지 아는가? 그 1퍼센트 때문에 누구는 백만 달러를 벌고 누구는 십만 달러를 번다. 이 책을 읽으면서 자신이 컨설팅 영업을 꽤나 잘 하고 있다고 생각할지라도, 이 책을 통해 1, 2퍼센트의 발전을 꾀할 수는 있다. 그렇게 하려면 '코칭'을 통해 영업하는 방법을 숙달하는 것이 좋다. 당신은 이 책의 나머지 부분을 읽어가면서 코칭 접근법이 어떻게 컨설팅 영업과 결합해 영업을 더 강력하고, 효과적으로 만드는지 보게 될 것이다. '코칭 영업'을 적용하면 결정적 야드를 돌파하고, 고객과 확고한 관계를 형성하며, 그 과정에서 사람들의 삶에 진정한 도움을 줄 수 있다. 코칭 모델의 효과는 스스로 발견하는Self-discovery 힘에 토대를 두고 있다.

## 코칭의 핵심

자녀가 있는 사람이라면, 아이에게 뭔가를 가르치려다 얼굴에 열이 날 정도로 화가 난 경험이 있을 것이다. 하지만 진정한 행동 변화는 아이 스스로 깨달았을 때 나타난다. 당신은 아이가 당신의 말에 귀를 기울였으면 하고 바랄 것이다. 물론 가끔은 그럴 때도 있다. 그러나 가장 강력한 교훈은 아이가 스스로 깨달았을 때 얻는 경우가 대부분이다.

성인도 다르지 않다. 스스로 발견하는 것에서 오는 힘은 우리의 인생 전반에 걸쳐 적용된다. 누군가 우리에게 뭔가를 이해시키려 하면 우리는 본능적으로 방어기제를 발동한다. 특히 각종 스캔들과 막후 폭로가 난무할 때에는 과거처럼 그렇게 쉽게 다른 사람을 신뢰하지 않게 마련이다. 마흔 살이 넘은 독자라면 옛날에는 밤에 문을 잠그지 않아도 도둑 걱정이 없었고 고속도로에서 아무나 태워주는 게 별일 아닌 적이 있었다는 사실을 기억할 것이다.

하지만 오늘날의 사람들은 더 많은 교육을 받았고 남들이 하는 약속에 더욱 의심스러운 태도를 취한다. 사람들을 이용해 먹는 부도덕한 영업인에 대한 얘기를 듣기도 했고 실제로 겪어보기도 했다. 따라서 그들에게 상품이나 서비스의 가치로 설득한다면 불신, 부정, 저항에 부딪히기 쉽다. 하지만 사람들은 상품이나 서비스의 가치를 스스로 발견하면, 흥미를 갖고 관심을 보이며 마음을 연다. 이처럼 스스로 발견하는 것이 코칭의 핵심이다.


내가 시카고에서 사는 것을 좋아하는 이유 중 하나는 커다란 미시건 호수 때문이다. 나는 보트 타는 것을 좋아한다. 몇 년 전, 새 보트를 사기로 마음먹고 검색을 한 끝에 두 가지 보트에 관심이 생겼다. 나는 시카고 보트 쇼에 가서 그중 하나를 구경했다.

그 보트를 담당하는 영업인은 론Ron이었다. 론은 간단히 인사말을 한 다음 나에게 보트 뒤쪽으로 가서 엔진부터 보는 게 어떠냐고 제안했다. 사실 엔진은 내가 크게 관심을 가진 부분은 아니었지만 나는 동의했다.

엔진실로 들어가자 론은 캐터필러의 420HP 디젤 엔진의 탁월함과 터보 충전기의 성능이 얼마나 놀라운지에 대해 상세히 설명했다. 그러고는 엔진실의 트림 탭trim tab 시스템과 통합 수력학을 설명해주었다.

론은 너무 흥분한 나머지 내가 그렇게 좁은 공간에 머물러 있는 것에 대해 불편해한다는 것을 알아차리지도 못했다. 한 시간 가까이 지나서야 나는 엔진실 말고 보트의 다른 부분도 볼 수 있게 해달라고 론을 설득할 수 있었다.

첫 번째 보트를 다 보고 나서 나는 두 번째 보트를 보러 갔다. 그 보트의 담당 영업인인 리치에게 다가가자, 리치는 나를 올려다보며 이 보트에 관심이 있냐고 물었다. 내가 고개를 끄덕이자 리치가 "죄송하지만 먼저 몇 가지 질문을 드려도 될까요?"라고 물었다. 나는 엔진실에 들어가지만 않으면 뭐든지 좋다고 생각하면서 "그럼요."라고 대답했다.

리치는 이 보트의 사용 계획부터 물었다. 나는 주말에 미시건 주의 그랜드 헤이븐으로 휴가를 떠날 때 탈 생각이라고 대답했다. 그 다음으로 리치는 이 보트를 누가 조종할 것이냐고 물었다. 나는 내가 어떤 이유에서든 조종하지 못하는 상황이 되었을 때 내 아내와 첫째 아들과 둘째 아들이 보트를 조종할 수 있으면 좋겠다고 대답했다.

그러자 리치는 "자녀분이 몇 명인가요?"라고 물었고, 나는 "여섯 명이에요."라고 대답했다. 내 대답에 그는 약간 놀란 표정을 지었다. 그러고는 잠시 생각하더니 자녀가 있는 사람들이 왜 이 보트를 찾는지 설명해주겠다고 했다. 우리는 몇 계단을 올라가 보트 안으로 들어갔고, 리치는 나를 보트 뒤쪽에 있는 작은 침실로 데려갔다. 방 안에는 트윈 사이즈 침대 두 개가 놓여 있었고 구석에는 TV가 놓여 있었다.

리치는 그 작은 방 안에서 TV를 가리키면서, 바로 이것이 자녀가 있는 사람들이 이 보트를 사는 첫 번째 이유라고 말했다. 나는 어리둥절해서 물었다.

"저 작은 TV 때문에요?"

리치가 대답했다.

"그렇습니다. 아시겠지만, 아무리 큰 배라도 아이들이 뛰어놀기에는 작은 법이죠. 특히 아이가 여섯 명이라면 더더욱 그렇습니다. 30분이나 45분쯤 항해를 하면 아이들이 어떻게 되던가요?"

나는 그럴 때면 아이들이 좀이 쑤셔서 엄마 보고 놀거리를 달라고 들볶는다고 대답했다. 그러자 리치가 말했다.

"그런 상황에서 할 수 있는 일이 있지요. 아이들을 방에 들어가게 한 다음 〈라이온 킹〉이나 〈미션 임파서블〉 같은 비디오 테이프를 틀어주는 겁니다. 그럼 두 시간 동안 평화롭고 고요할 겁니다. 커피를 마셔도 되고, 음악을 들어도 되는 두 시간 동안 말입니다."

그런 다음 그는 내 눈을 똑바로 바라보며 말했다.

"그러면 부인께서 보트를 타고 떠나는 여행을 좀 더 좋게 생각하시지 않을까요?"

나는 그 즉시 큰 도움이 될 것이라는 생각이 들었다. 아내는 평화로운 시간을 거의 누리지 못하니 말이다. 리치는 틈을 주지 않고 바로 아내가 안전 문제, 특히 어린 자녀들의 안전에 신경을 쓰는지 물었다.

"물론이죠."

그러자 리치는 나를 데리고 보트 꼭대기로 올라간 다음 보트 중앙에 설치된 통로를 보여주었다. 그 좁다란 통로가 있어서 어린아이들이 뒤에서 앞으로 올 때 보트 밖으로 떨어질 염려가 없어 보였다. 그런 다음 리치가 물었다.

"이 중앙 통로가 선생님과 부인께서 아이들의 안전을 염려하시는 마음을 조금이라도 덜어드릴 수 있지 않을까요?"

리치는 똑똑한 사람이었다. 그때 내 마음은 가족과 보낼 평화롭고 안전한 보트 여행과 좀 더 즐거운 항해에 온통 쏠려 있었다.

자, 내가 어떤 보트를 구입했는지 짐작이 가는가? 그렇다. 바로 두 번째 보트였다. 사실 나는 그 두 명의 영업인과 접촉하기 전에 이미 첫 번째 보트를 사겠노라고 100퍼센트 마음을 굳히고 있었다. 나는 그 보트를 좋아했고 몇 년 동안이나 내가 사고 싶은 모델로 염두에 두고 있었다.

그러나 리치는 질문의 힘과 질문이 어떻게 일방적인 독백을 대화로 바꾸어 정보의 상당 부분을 드러나게 하는지를 이해하고 신뢰했기 때문에, 첫 번째 영업인에게서 나를 빼앗아 올 수 있었다. 단순히 간단한 개념 하나 때문에 벌어진 일이었다. 리치는 스스로 발견한다는 것의 가치와 고객을 코칭하는 방법을 알고 있었다.

위의 이야기의 핵심은, 보트를 구매한다는 경험이 단순히 거래에 그치지 않았다는 것이다. 리치는 오히려 그 보트가 나에게 어떻게 더 나은 삶을 만들어줄 것인지를 알 수 있게 도와주었다. 그는 쉽고 편한 방법으로 내 가족을 위해 구매 결정을 내릴 수 있게 이끌어주었다. 보트를 구매하는 것이 내 삶을 더 낫게 만들어줄 것이라는 점을 스스로 발견하도록 도와주고, 훌륭한 결정을 하도록 나를 코칭한 것이었다.

그의 방식은 융통성이 있고 물 흐르듯 자연스러워 보였지만 자신이 무엇을 하고 있는지 잘 알고 있고 거래를 성사하기 위해 체계적인 접근 방법을 따르고 있다는 데 의심의 여지가 없었다. 알고 보니 리치는 5년 연속 그 보트 회사의 판매왕이었다. 고객에게 하는 질문이 정말로 이익이 되는지 먼저 자신에게 물어보라. 많은 영업인들과 일하다 보니 일부 영업인들에게는 자기 발견의 개념을 받아들이기가 쉽지 않다는 점은 잘 알고 있다. 일반적인 장벽은 다음과 같다.

- 고객이 스스로 발견하도록 할 시간이 없다.
- 발견은 고객이 아닌 내가 하는 것이다.
- 지기 발견은 별 뜻도 없는 심리학 용어에 불과하다.
- 고객은 그냥 정보를 듣는 것만을 원한다.

이와 동시에 영업인들은 무언가 바뀌고 있고, 고객을 상대로 판매하는 일이 예전보다 훨씬 힘들어지고 있다는 사실 또한 알고 있다. 사람들의 마음을 바꾸는 것은 매우 힘든 일이며 고정관념으로 굳어질 수 있다. 따라서 진보적인 영업인이 되려면 코치의 패러다임으로 전환해야 한다. 아래의 표를 보면 우리가 무엇을 말하는지 알 수 있을 것이다.

|  | 낡은 사고방식 | 코치의 패러다임 |
|---|---|---|
| 영업인의 가장 강력한 도구 | 상품 지식 | 고객과의 관계 |
| 만남의 목적 | 계약 | 고객의 니즈 충족 |
| 영업인의 역할 | 해결책 제공 | 고객과 함께 해결책 찾기 |
| 고객에게 접근하는 법 | 정보를 얻은 다음 니즈를 충족하는 해답을 제공한다. | 고객이 니즈와 해결책을 발견하도록 안내한다. |
| 영업인의 가장 훌륭한 기술 | 설득하기 | 효과적인 질문하기 |
| 조언 | 일방적인 조언 | 최소한의 조언 |
| 에너지의 역할 | 영업인의 에너지는 대화를 이끄는 데 사용되므로 대화를 한 만큼 소모된다. | 대화는 영업인과 고객 모두를 위한 에너지를 창출한다. |
| 클로징 방법 | 모든 거절이나 판매에 관한 질문에 준비된 방식으로 대응한다. | 코칭 대화법을 따른 후 고객에게 그들의 관점이나 니즈를 묻는다. |

그렇다고 해서 낡은 사고방식의 모든 요소가 다 나쁘다고 말하는 것은 아니다. 사실 그중 몇 가지는 우리의 코칭 모델에도 여전히 존재한다. 단지 이 요소들도 다음 단계로 진화해야 한다는 필요성에 대해 말하는 것이다. 오래된 사고방식이 반드시 부정적인 것은 아니다. 더욱더 긍정적이고 효과적인 무언가로 전환되어야 할 뿐이다.

예전에 우리는 전통적인 방식으로 전화 영업을 하는 텔레마케터들을 대상으로 얼마나 시간을 소모하는지 측정해본 적이 있다. 참가자들은 자신의 상품을 설명하는 데 평균 17분이라는 시간을 썼지만 거래를 성사하는 능력은 제대로 보여주지 못했다. 이들에게 이 책에서 소개할

‘코칭 영업’ 모델을 트레이닝하자 평균 통화 시간이 7분 30초로 줄어들었으며, 모든 통화에서 고객의 동의를 이끌어냈고, 다음 단계로 넘어갈 수 있었다. 당신도 이 모델을 배우고 나면 시간과 노력을 절약할 뿐만 아니라 좋은 결과도 이끌어낼 수 있다.

이제 다른 영업인들보다 1퍼센트 뛰어난 영업인이 된다는 것의 중요성을 충분히 인식하고 낡은 사고방식에도 변화가 필요하다는 생각이 들었을 것이다. 다음의 실행 과제를 통해 당신이 코칭에 대해 가지고 있는 개인적 개념, 관점, 과거 경험을 탐구할 수 있을 것이다. 코치와 이전에 가졌던 상호작용에 대한 기억을 떠올리면서 훌륭한 코치와 함께했을 때 느꼈던 열정이 다시 끓어오르기를 바란다. 그리고 다음 장에서는 컨설팅 영업과 코칭을 결합해 당신이 오늘날의 고객에게 대처할 수 있는 영업 유형을 개발하도록 도와줄 것이다.

## 실행 과제 1   최고의 코치

지금껏 만나본 코치 중에서 최고였던 사람을 묘사해보라. 회사, 스포츠, 가정 등 여러 분야에서 예를 찾을 수 있다. 그 코치에 대해 묘사한 후에는 그 코치가 가지고 있었거나 우리가 높이 평가했던 열 가지 자질, 즉 그 사람을 위대한 코치로 만들었던 열 가지 기준을 적어보라.

✓ 내가 경험한 최고의 코치는?

_______________________________________________

✓ 내가 경험한 최고의 코치를 묘사하는 단어나 문장은?

_______________________________________________

_______________________________________________

_______________________________________________

_______________________________________________

_______________________________________________

_______________________________________________

✓ 이 사람을 위대한 코치로 만든 열 가지 기준은?

1. _______________________________________________

2. _______________________________________________

3. _______________________________________________

4. _______________________________________________

5. _______________________________________________

6. _______________________________________________

7. _______________________________________________

8. _______________________________________________

9. _______________________________________________

10. ______________________________________________

**실행 과제 2**  우리의 코치 평가하기

　다음은 효과적인 코치를 묘사할 때 사용하는 일반적인 단어나 문자를 나열한 것이다. 아래의 리스트를 이용하여 우리의 코치는 다음의 자질을 얼마나 잘 보여주는지 1~5 사이의 점수를 매겨보라.

✓ 존경할 만하다

**1.** 전혀 그렇지 않다　　**2.** 약간 그렇다　　**3.** 보통이다　　**4.** 아주 그렇다　　**5.** 완벽하다

✓ 나의 말에 귀를 기울인다

**1.** 전혀 그렇지 않다　　**2.** 약간 그렇다　　**3.** 보통이다　　**4.** 아주 그렇다　　**5.** 완벽하다


✓ 내 목표를 안다

**1.** 전혀 그렇지 않다　　**2.** 약간 그렇다　　**3.** 보통이다　　**4.** 아주 그렇다　　**5.** 완벽하다


✓ 나에게 대답을 이끌어낸다

**1.** 전혀 그렇지 않다　　**2.** 약간 그렇다　　**3.** 보통이다　　**4.** 아주 그렇다　　**5.** 완벽하다


✓ 네 능력을 이끌어낸다

**1.** 전혀 그렇지 않다　　**2.** 약간 그렇다　　**3.** 보통이다　　**4.** 아주 그렇다　　**5.** 완벽하다


✓ 나를 배려한다

**1.** 전혀 그렇지 않다　　**2.** 약간 그렇다　　**3.** 보통이다　　**4.** 아주 그렇다　　**5.** 완벽하다


✓ 나를 신뢰한다

**1.** 전혀 그렇지 않다　　**2.** 약간 그렇다　　**3.** 보통이다　　**4.** 아주 그렇다　　**5.** 완벽하다


✓ 더 많은 것을 하도록 나를 격려한다

**1.** 전혀 그렇지 않다　　**2.** 약간 그렇다　　**3.** 보통이다　　**4.** 아주 그렇다　　**5.** 완벽하다


✓ 나에게 감동을 준다

**1.** 전혀 그렇지 않다    **2.** 약간 그렇다    **3.** 보통이다    **4.** 아주 그렇다    **5.** 완벽하다

✓ 나와 세밀하게 논의한다

**1.** 전혀 그렇지 않다    **2.** 약간 그렇다    **3.** 보통이다    **4.** 아주 그렇다    **5.** 완벽하다

위의 특성 중에 영업인으로서 우리가 보여주고 싶은 특성이 무엇인지 고민해보라.

# 컨설팅 영업과
# 코칭 결합하기

—— • • • ——

"나는 고객들이 무엇을 원하는지 묻기 전에
그들이 누구인지 파악하는 시간부터 마련한다."
: 톰 마틴(Tom Martin), 배링턴 모토워크스의 영업 관리자

"나쁜 습관은 침대와 같아서 들어가기는 쉬워도 빠져나오기는 힘들다."
: 미상


## | 개요 |


최근 기업이나 일반에서 '코칭'이 뜨거운 관심사라는 것은 의심할 여지가 없다. 하지만 많은 사람들이 이 용어를 제각기 다르게 사용하고 있다. 이 장에서는 컨설팅 영업과 코칭을 탐구하고 이 둘을 결합해볼 것이다. 간단하고 유연하며 효과적인 모델을 소개하고, 그 모델을 가지고 당신의 영업 능력을 향상시키거나 당신이 관리하는 사람들의 영업 능력을 향상시키는 방법을 보여줄 것이다. 컨설팅 영업 접근법을 코칭의 철학, 기술, 대화 방법과 결합하면 어떤 개인이나 조직도 영업 능력을 한 단계 끌어올릴 수 있을 것이다. 자, 이제부터 구조적이고 체계적인 모델을 배워보자.

샌프란시스코 공항에서 흔히 겪는 비행기 지연으로 기다리던 와중에 나는 내가 탈 비행기의 기장과 이야기를 나누게 되었다. 그 역시 나와 마찬가지로 비행기를 기다리고 있었다. 그는 비행 경력이 수십 년에 달했고, 아주 박식해 보였다. 나는 그에게 "이륙할 때 조종석에서 무엇을 하십니까?"라고 물었다. 그는 아주 심오하게 대답했다.

"늘 하던 일을 하지요."

그는 안전한 비행을 위해서 이륙을 하기 전에 해야 하는 일이 약 오십 가지나 되며, 비행기의 엔진을 끌 때마다 해야 하는 일이 약 스물일곱 가지나 된다고 강조했다. 또한 그는 매번 똑같은 순서와 구조를 따른다고 말했다. 나는 다시 질문했다.

"그렇게 경험이 많은데도 매번 똑같은 순서에 따라야 하는 건가요?"

"물론이죠. 정해진 순서에서 절대 벗어나지 않습니다. 저는 비행기를 탈 때마다 매번 정확히, 똑같은 방식으로 일합니다."

생각해보니 그것은 이치에 맞는 말이었다. 사실 나는 그가 조종석에 들어가 이번엔 뭘 해야 하나 하며 망설이지 않는다는 사실에 안도감이 들었다. 하지만 그 기장과 달리 영업인들 다수는 본능에 따르거나 즉흥적으로 일하고 있다. 이 장에서 우리는 컨설팅 영업과 코칭을 결합한 구조적이고 체계화된 접근법을 탐구할 것이다. 먼저 컨설팅 영업의 진화과정을 살펴보자.

## 컨설팅 영업이란 무엇인가?

몇 년 전부터 영업 분야에 컨설팅 영업이 도입되었다. 이것이 중요한 변화인 까닭은 컨설팅 영업은 상대적으로 상담 초기에 구매 권유를 하기보다 고객의 니즈와 욕구를 파악하는 데 더욱 집중하기 때문이다. 이는 영업에서 매우 중요한 패러다임의 전환이라 할 수 있다. 컨설팅 영업은 영업의 위상을 한 단계 발전시켰다. 즉, 컨설팅 영업은 영업인들로 하여금 구매를 권유하기 전에 고객의 진정한 니즈를 이해하는 데 집중할 것을 요구했다.

기존의 전통적인 영업 기법은 주로 정보와 설득에 기초를 두고 있다. 과거 영업인들은 어떻게 관계를 구축하고 거절을 처리하며 마무리 Closing하는지 배웠을 것이다. 영업 교육이나 훈련은 고객들로 하여금 어떻게 하면 우리 상품을 사게 할 것인가에만 전적으로 집중했지, 우리 상품이 그들에게 진정으로 최상의 해결책인지는 거의 묻지 않았다. 그런데 컨설팅 영업이 소개되자 영업인들은 다음과 같은 문제에 집중하기 시작했다.

- 고객의 니즈를 발견하는 방법
- 고객의 니즈에 상품의 이익을 일치시키는 방법
- 장기적인 관계를 위해 노력하는 방법

그 결과, 지금은 많은 영업인들이 컨설팅 영업에 대해 고객을 좀 더 존중하는 접근법으로 보고 있다. 이러한 접근법을 취할 경우에는 적어도 고객의 진정한 니즈가 무엇인지, 또 왜 그런지를 알아내기 위해 시도하는 것이기 때문이다.

그러나 평균적인 영업 기술을 보유한 다수의 영업인들은 이러한 영업 과정에서 고객 존중이라는 의도를 퇴색하게 만들었다. 그런 영업인들이 컨설팅 영업 초반에 하는 질문은 고객에게 상담이나 의논이 아닌 심문처럼 느껴질 수 있다. 이러한 대화는 대개 영업인들의 주도하에 이루어지므로 여전히 속임수를 쓰거나 이기적인 것으로 보일 수도 있다.

컨설팅 영업이라는 측면에서 평균 수준의 일부 영업인들의 경우, 고객들이 그들의 속을 훤히 들여다볼 수 있게 행동한다. 고객들은 이러한 영업인들이 구매 권유로 뻔히 이어질 질문들을 기계적으로 던지고 있다는 사실을 꿰뚫어보고 있다. 일단 신속하게 고객의 정보를 뽑아내고 나면 대화는 일방통행이 되어 버리고, 그때부터는 기나긴 독백이 시작된다. 다시 말하지만, 과거에는 이런 방식이 그럭저럭 통했지만 오늘날은 재앙으로 가는 지름길이다.

우리는 컨설팅 영업이 한 단계 더 발전해 정교하고 효과적이며 고객 존중으로 진화하려면 부분적으로 개선할 필요가 있다고 본다. 대부분의 영업인들에게는 아직 넘지 못하고 있는 결정적 야드가 존재하기 때문이다. 이들은 고객을 찾기 위해 최선을 다하지만 막상 그 결정적 야드를 돌파할 때가 되면 공을 놓쳐버리는 실수를 하고 만다. 다행인 것은 다음 단계로 진화하고 있는 일부 영업인들이 믿는 것처럼 해법이 그리 복잡하지는 않다는 것이다. 즉, 컨설팅 영업 과정에 코칭 기술을 추가한다면 영업인들은 쉽고 효과적으로 결정적 야드를 넘을 수 있다.

## 코치란 무엇인가?

코치에 대한 다양한 의견을 들어보면 흥미로운 생각이 들 것이다. 한 대형 증권회사를 위한 워크숍을 개최하면서 우리는 코칭의 개념에 대한 여러 가지 과제를 준비했다. 우리가 소개한 첫 번째 활동은 모든 참가자들에게 주는 두 개의 이름표 중에서 하나를 선택하는 것이었다. 한 이름표에는 '금융 컨설턴트'라고 씌어 있고, 다른 하나에는 '금융 코치'라고 씌어 있었다.

우리는 참여자들에게 두 가지 이름표 중 자신의 업무 정체성을 나타내고 싶은 것을 고르라고 했다. 우리는 대다수의 참여자들이 '금융 코치'라고 쓰인 이름표를 고를 것이라고 확신했다. 하지만 놀랍게도 참여자들의 절반 정도만이 '금융 코치'를 선택했고, 나머지 절반은 '금융 컨설턴트'를 선택했다. 더 놀라운 것은 이들이 '금융 코치'라는 이름표를 선택하지 않은 이유였다. 이유를 물었더니 다음과 같은 대답이 나왔다.

• "코치는 사람들에게 이래라저래라 하는데, 그건 제가 하는 일이 아닙니다."

- "코치는 자기 선수들한테 이래라저래라 하면서 괴롭히지만, 저는 고객들에게 그
  럴 생각이 없습니다."
- "코치는 그저 동기를 부여하는 말만 하지만, 저는 그보다 더 다양한 기술을 가지
  고 있습니다."
- "저는 고객들을 마음대로 휘두르기보다는 그들의 안내자 역할을 하고 있습니다."

우리는 충격을 받았다. 그들이 자신을 코치라고 생각하지 않은 이유
가 저자들이 우리 자신을 코치라고 부르는 이유였기 때문이었다. 다시
말해 우리는 훌륭한 코치는 사람들에게 자기 멋대로 명령하거나 이래
라저래라 하며 괴롭히거나 동기를 부여하는 말만 하는 사람이라고 생
각지 않는다. 물론 과거에는 코치들이 이렇게 했다는 이야기를 듣기도
했다.

하지만 그것은 지금과 다른 시간, 지금과 다른 공간에서 일어난 이야
기이다. 여전히 공격적인 코치들이 존재하지만, 오늘날과 같은 환경에
서는 바비 나이트Boby Knight, 미국 대학 농구 역사상 최고의 감독. 혹독한 연
습과 거친 언행으로 유명하지만 선수들에게서는 절대적인 충성심을 얻었음 같은
유형보다는 필 잭슨Phil Jacson, 미국 프로농구 최강의 팀이었던 시카고 불스팀
감독. 강력한 카리스마로 개개인의 장단점을 파악해서 팀워크를 활용하고 다지는
일에 전념했음 같은 유형의 코치가 더 좋은 성적을 거두고 있다.

우리는 참가자들끼리 짝을 짓고 그들이 지금까지 만난 최고의 코치
에 대해 말하게 함으로써 이런 선입견을 깰 수 있었다. 참가자들이 이
야기를 끝내자 우리는 그들을 다시 한데 모아 훌륭한 코치의 자질에 대

해 정리하게 했다. 그들이 공통적으로 경험한 훌륭한 코치의 자질은 다음과 같았다.

- 나를 신뢰한다.
- 내가 알고 있었던 것보다 더 많은 것을 할 수 있다는 것을 안다.
- 나를 알기 위해 많은 시간을 투자한다.
- 내가 올바른 행동을 할 수 있도록 격려한다.
- 내 말에 귀를 기울여준다.
- 나를 존중해준다.
- 자신감을 키워준다.
- 나에게 영감을 불어넣어 준다.

모든 참여자들이 최고의 코치에 대해 이야기를 나누면서 변화하는 과정을 지켜보는 것은 정말 흥미로웠다. 방 안은 긍정적인 에너지로 가득 찼고 사람들의 얼굴에는 자연스럽게 미소가 번졌다. 최고의 코치가 그들의 인생에 미친 엄청난 영향력을 떠올리기 시작하면서 사람들의 에너지는 다시 충전되었다.

## 영업에서 코칭의 정의

영업에서 우리가 제안하는 코칭의 정의는 다음과 같다.

영업에서 코칭이라는 접근법을 취하면 영업인은 개인에 대해 관심을 가지게 되고 관계도 중요하게 고려하게 된다. 이 관계가 존중, 안전, 도전, 책임과 같은 환경을 조성하기 때문이다. 이러한 관계는 모든 이해 당사자들이 최상의 해결책을 찾고, 항상 성공적이고 유익한 결과를 함께 창출할 수 있도록 동기부여를 해주며, 비즈니스와 삶에 긍정적인 영향을 미친다.

말도 안 되는 이야기처럼 들리는가? 영업 활동이 이렇게 고결한 목적을 담아낼 수 있다는 것이 믿어지는가? 이 정의의 핵심에는 비즈니스에서 고객을 잘 섬기는 것이 무엇이냐는 것에 대한 진정한 관심이 반영되어 있다. 고객의 삶에 미치는 영향 또한 매우 구체적으로 포함된다. 그것은 바로 우리가 그들의 삶과 비즈니스에 모두 영향을 미칠 때 평생 고객이 되기 때문이다.

아래는 코칭과 컨설턴트의 분야에서 흔히 사용하는 표이다. 어떤 사람이 당신의 비즈니스나 당신의 인생, 또는 양쪽 모두에 도움이 되는지 다음 오른쪽 빈 칸에 표시하면 된다.

|  | 삶에 도움을 준다<br>- 아니다 | 삶에 도움을 준다<br>- 그렇다 |
| --- | --- | --- |
| 비즈니스에 도움을 준다<br>- **아니다** | 관계없음 | 진구관계 |
| 비즈니스에 도움을 준다<br>- **그렇다** | 영업인 | 코치 |

이 표를 활용하려면 다음 사항을 고려해보면 된다.

- 상대의 비즈니스에 도움이 되지 않고 삶에도 도움이 되지 않는다면, 우리는 '관계 없음' 상태다.
- 상대의 삶에 도움이 되지만 당신의 비즈니스에는 도움이 되지 않는다면, 우리의 관계는 '친구 관계'와 비슷하다.
- 비즈니스에 도움이 되지만 인생에는 영향이 없다면, '영업인'이다.
- 비즈니스에 도움이 되고 삶에도 도움이 된다면, '신뢰가 가는 코치'이다.

다시 말해, 내가 당신에게 좋은 상품을 판다면 당신은 나를 좋은 영업인으로 신뢰할 것이다. 내가 당신에게 당신의 목적을 이루고 더 많은 수익을 거두며 인생에 도움이 되는 상품을 판다면, 나는 신뢰 가는 코치가 될 것이다. 그러니 스스로에게 물어보라.

"나는 영업인이 되고 싶은가, 아니면 신뢰가 가는 코치가 되고 싶은가?"

이 질문에 대한 대답은 당신에게 달려 있다.


## 보편적 코칭 모델에서 핵심적인 신념

세일즈 코칭의 핵심을 들여다보면 그 근저에는 고객을 보는 방식이 깔려 있다. 일반적으로 사람과 고객에 대한 존중과 믿음의 정도는 영업에서 코칭 철학을 진정으로 받아들이는 데 있어 매우 중요하다. 다음은 대부분의 코칭 훈련 프로그램에서 찾아볼 수 있는 일반적인 코칭 철학을 나열한 것이다.

- 코치가 되려면 창의적이고 유능해야 한다.

- 고객들의 관심사와 연결될 때 더 큰 동기부여가 된다.

- 코칭 관계에는 상호 존중, 신뢰, 솔직함이 필요하다.

- 코치는 장애물을 극복하도록 도와준다.

- 코치는 고객이 책임감을 갖고 행동으로 옮기도록 돕는다.

이와 동일한 원칙을 영업 활동에 적용해보면 다음과 같다.

- 고객은 창의적이며 최고의 구매 결정을 내릴 역량이 있다.

- 영업인은 고객의 관심사와 연결될 때 더 큰 동기부여가 된다.

- 굳건한 세일즈 관계에는 높은 수준의 신뢰가 필요하다.

- 영업인은 고객이 장애물을 극복하도록 돕는다.

- 영업인은 고객이 책임감을 갖고 행동으로 옮기도록 돕는다.

영업에서 이런 철학을 믿기가 그렇게 힘든 일일까? 혹은 믿을 수는 있지만 이러한 철학을 실행으로 옮기기가 힘든 것일까? 이러한 철학이 영업 성과를 향상시킬 수 있다는 점이 의심스럽다면 차라리 다행이다. 이는 당신이 우리의 의견을 그냥 받아들이는 게 아니라 스스로 생각해보고 있다는 증거이기 때문이다. 우리가 원하는 독자들이 바로 이런 사람들이다. 코칭 모델에 완벽하게 적합한 유형이기 때문이다. 자신에게 맞다고 생각하는 순간, 바로 거기에 맞추어 영업 유형을 변화할 수 있기 때문이다. 우리 저자들이 안내자 역할을 하는 동안 당신은 코칭의 영향력을 스스로 발견해 온전히 자기 것으로 만들어야 한다.

유능한 코치는

- 고객의 목표와 동기부여 방법을 이해한다.
- 효과적인 질문을 한다.
- 경청한다.
- 신중하게 생각하고 분명하게 말한다.
- 전략을 짜고 문제를 해결한다.
- 목표를 성취하기까지 장애물을 뛰어넘는다.
- 사람들이 행동하고 해결할 수 있게 만든다.

우리는 이러한 능력이 동기를 부여하고 영업 상황을 창출하는 데 필요한 자질과 동일하다고 생각한다. 다음 장에서는 이 각각의 능력을 더욱 자세히 살펴볼 것이다.

## 주기 – 받기/주기 – 안내하기

컨설팅 영업과 코칭의 철학 및 기술을 결합하면 고객을 돕고 영업 성과를 향상해주는 놀라운 모델이 탄생한다. 그렇다면 주기give, 받기/주기get/give, 안내하기guide를 사용하여 기존의 컨설팅 영업과 코칭 영업의 차이를 정리해보자.

## 1_주기

전통적인 영업 모델의 주된 초점은 고객에게 정보를 '주는' 것에 맞춰져 있다. 즉, 고객에게 충분하고 설득력 있는 정보를 주면 영업 성과를 달성할 수 있을 것이라고 믿는다. 이 접근법에서는 영업인이 대부분의 대화를 독차지하게 되며 기존의 영업 단계에 큰 비중을 둔다. 기존의 영업인들에게는 지식과 설득력이 가장 강력한 무기이다. 극단적으로 보자면 기존의 영업, 즉 '주기'는 당신에게 다가와 휴가는 어디에서 보내야 하며 왜 그래야 하는지를 설명해주는 투어 가이드와 같다. 당신이 이국적인 장소를 좋아하는지, 유럽에 가고 싶어 하는지, 중동을 여행하고 싶어 하는지에 대해서는 확인해보지도 않고 말이다.

## 2_받기/주기

전통적인 영업 모델에서 진화한 컨설팅 영업은 환영할 만한 것이었다. 컨설팅 영업 모델은 이론상 고객에게서 정보를 '받기'에 시간을 들인 다음 고객이 필요로 하는 해결책을 '주는' 것이다. 물론 많은 사람들이 이 과정을 잘못 이해하는 바람에 몇 가지 질문을 던지고는 곧장 기존의 영업 독백으로 빠져들면서 이 과정을 왜곡해왔다. 컨설팅 영업은 진정으로 고객의 니즈와 욕구를 파악해 이에 맞게 올바른 해결책을 제공한다는 고결한 목적을 가지고 있다. 그러나 컨설팅 영업은 개선의 여지가 많다. 귀 기울여 듣고 분석하며 목표에 맞는 해결책을 제공하는 것이 컨설팅 영업을 하는 영업인의 가장 강력한 도구이다.

컨설팅 영업은 어디로 가고 싶은지를 간단하게 물은 다음 고객이 요구한 것일 수도, 아닐 수도 있지만 어떤 식으로든 요구에 맞는 여행 상품을 팔려고 하는 시도와 같다. 가이드가 테이블 너머 당신의 맞은편에 앉아서 그런 말을 한다고 상상해보라. 당신이 그 여행 일정을 택하기로 결정하고 비용을 지불하면, 그는 문 쪽으로 걸어가며 당신에게 따라오라고 손짓할 것이다. 그는 좀처럼 뒤돌아보지 않는다. 당신이 필요로 하는 바에 부응할 수 있게 자신이 '현명하게 선택한' 여행으로 당신을 이끌기로 마음먹었기 때문이다.


## 3_ 안내하기


이제는 고객들도 이런 '받기/주기' 공식을 알게 되었으며 미심쩍어하는 경향도 늘고 있다. 고객들은 낡은 속임수에는 절대 당하지 않기로 결심한다. 거짓과 꾸며낸 방식으로 이러한 기법을 왜곡해온 영업인들을 수없이 만났기 때문이다. 바로 이런 이유로 우리는 코칭 모델과 결합함으로써 컨설팅 영업을 개선하는 데 시간과 에너지를 투자해왔다. 우리의 관점에서 보았을 때, 코칭 기술은 컨설팅 영업을 일괄된 대화로 바꾼다.

컨설팅 영업은 구조로 보았을 때 대화의 틀에 해당한다. 이는 자동차의 섀시와 같다. 섀시는 자동차가 달리는 데 절대적으로 필요하지만,

사람들은 새시를 보고 차를 사지는 않는다. 사람들은 자동차의 전체 패키지를 보고 차를 구매한다. 컨설팅 영업의 기초와 통합된 코칭 철학, 기법, 접근법은 사람들이 구매하고, 또 이 구매를 통해 혜택을 얻는 전체 패키지라 할 수 있다. 다시 말해, 코칭 영업은 구매 권유로 바뀌는 대화라기보다 처음부터 끝까지 대화로 이루어져 있다. 고객은 거래를 마무리 짓기 위해 영업인과 협력하게 되고, 결국 구매는 공동으로 이루어진다. 그러므로 코칭 모델에서 강조하는 것은 고객이 올바른 구매 결정을 내리도록 '안내하기'에 있다.

그렇다면 진정으로 훌륭한 가이드의 역할은 무엇일까? 당신에게 개인 투어 가이드가 있다면, 그는 시간을 들여 당신이 진짜 관심을 갖는 것이 무엇인지 알아볼 것이며, 길을 잃지 않고 즐겁게 여행을 할 수 있는 방안을 강구할 것이다. 산에 오를 때 우리를 안내하는 가이드는 등반을 시작하기에 앞서 우리의 목표와 신체 상태, 과거의 부상 경험, 기타 수많은 이슈 등에 대해 알아볼 것이다. 그리고 일단 등반이 시작되면 당신과 끊임없이 대화를 나누면서 당신의 상태를 점검하고 경치를 즐기는지 확인하고, 힘들어도 계속 산을 오르도록 북돋아줄 것이다. 또한 가이드는 등반의 목적지를 향해 가면서도 우리를 시야에서 놓치지 않을 것이며 당신의 건강, 목표, 반응에 따라 등반 강도를 조절할 것이다.

당신은 당신의 가이드를 신뢰해야 한다. 당신이 신뢰하지 않는 사람을 따라 킬리만자로를 오를 수는 없지 않은가? 당신의 가이드가 경험이 풍부하고, 당신을 잘 파악하고 있으며, 등산하는 내내 당신을 소홀히 하지 않을 것이라는 믿음을 가져야 한다.

코칭 영업을 하는 사람에게 가장 중요한 도구는 강력한 질문, 우월한 대화 기술, 흔들리지 않는 자신감, 상대가 스스로 해답을 찾을 수 있게 안내하는 능력이다. 코칭 영업은 가이드, 즉 안내자라는 용어와 일맥상통한다. 코칭 영업은 당신이 무엇을 좋아하고 싫어하는지, 목표는 무엇인지 등에 대해 진심으로 관심을 기울이는 투어 가이드와 같다. 가이드는 자신이 제공하는 것이 당신과 맞지 않으면 강요하지 않을 것이다. 어떤 유형의 여행에 대해 이야기하다가도 당신이 주저하는 듯하면, 그는 한 걸음 물러났다가 당신이 진정으로 원하는 것을 이해하기 위해 노력할 것이다.

여행을 가기 전에 가이드와 책상 앞에 나란히 앉아 문제를 해결하는 모습을 상상해보라. 당신의 가이드는 여행이 시작되어도 자신의 역할이 끝난 것으로 생각하지 않고, 오히려 당신이 가고 있는 방향이 당신을 위해 옳은지를 계속해서 평가할 것이다.

## 코칭 접근법이 고객 유지와 소개에 미치는 영향

코칭 영업이나 가이드 과정은 고객을 유지하고 추천하는 데 강력한 결과를 이끌어낼 수 있다. 나는 영업에 막 입문했을 때 재테크와 투자에 대한 자문을 구하고자 여러 사람을 만난 적이 있다. 이때 나와 같이 일하게 된 금융 컨설턴트는 나에게 공격적인 주식투자에 대한 상담을 해주었다. 나는 강한 확신이 들어서 그에게 자문을 구했다. 그런데 어느 날, 그는 대화를 중단시키더니 좀 더 일반적인 대화를 해보면 어떻겠느냐고 물었다.

그리고 그는 나의 전체적인 재정 계획과 목표를 묻더니 어떤 종류의 재정적인 안정을 원하는지, 어떤 보조를 받을 수 있는지 등을 파악하는 데 시간을 투자했다. 그 당시는 직장 생활을 한 지 얼마 되지 않았던 때라 저축한 돈이 많지 않았다. 그는 주식에 투자하려는 돈을 저축으로 돌리라고 충고했다. 저축예금 계좌에 내 월급의 3개월치에 해당하는 돈이 쌓인 다음에 여윳돈을 투자에 사용해야 한다는 것이었다.

그의 조언에 동의하든 안 하든 그건 그리 중요하지 않다. 중요한 것은, 그가 손쉽게 수수료를 많이 챙길 수 있는 상품을 선택하도록 나를 설득할 수 있었다는 사실이다. 그러나 그는 나에게 옳은 일을 해주기 위해 자신의 수수료를 기꺼이 포기했다.

그렇다면 그의 입장에서 이것은 어리석은 결정이었을까? 나는 그렇게 생각하지 않는다. 그가 그렇게 행동했기 때문에 나는 그와 10년 넘은 지금까지 관계를 유지하고 있으며, 50명이 넘는 사람들을 그에게 소개해주었고, 그에게서 수많은 금융 상품을 구입했다. 그는 나를 올바른 방향으로 안내했고, 나의 신뢰를 얻었으며, 나를 자신의 열렬한 지지자로 만들었다.

이런 방식의 상호작용에서 결정적인 차이점이 무엇인지 찾기 바란다. 이런 개념에 동의했다 해도 당신은 아직 절반의 승리만을 얻었을 뿐이다. 다른 절반에서 승리하려면 이런 개념을 성공할 수 있는 방법이나 과정에 적용해야 한다.

# 구조적이고 체계적인 접근법에 대한 사례

오랫동안 영업을 해온 영업인들도 때로는 어떻게 시작해야 할지 잊어버리곤 한다. 경험이 풍부한 영업인들은 보통 그들이 따르는 과정이 있다. 신참 영업인들은 자신이 경험을 통해 개선해놓은 과정이 없기 때문에 종종 당혹스러울 수 있다. 구조적인 접근법을 시작하는 신참 영업인들은 종종 자신의 일을 어떻게 해야 할지 아이디어가 떠오르지 않을 때도 있다. 이런 사람들은 일반적으로 다음과 같은 의문을 가진다.

- 어떻게 전화를 걸 것인가?
- 일단 걸었다면 무슨 이야기부터 할 것인가?
- 어떻게 전화를 끊을 것인가?

흥미롭게도 경험이 많은 영업인들조차도 21세기에 들어와 더욱 복잡해진 영업 환경 때문에 이러한 질문들을 다시금 하고 있다. 그들은 낡은 접근 방식을 그대로 사용하거나 '즉석에서 때우는' 것으로는 성공하기 어렵다는 점을 알고 있다. 앞서 예로 든 비행기 조종사 이야기로 돌아가보자. 그의 역할은 비행기를 운행하는 것이므로 승객들을 목적지까지 안전하게 데려갈 수 있을 것이라는 확신이 드는 체계화된 시스템 없이는 비행기 조종을 생각도 하지 않을 것이다. 그 조종사가 모는 대형 비행기들은 혼자 힘으로는 날 수 없다. 자신이 해야 할 일을 제대로 하는 숙련된 전문가가 필요한 것이다.

골프 선수들을 생각해보자. 주말에 중계하는 골프 경기에서 선수들이 규칙적으로 하는 절차를 눈여겨본 적이 있는가? 선수들이 공 뒤에 서서 어떻게 공을 바라보는지 본 적이 있는가? 대개는 공이 날아가는 것을 예상하고 공을 치기 전에 가볍게 골프채를 앞뒤로 흔든다. 그리고 자신의 손과 발을 가지런히 하고 적절하다 싶을 때 스윙을 한다. 수술을 준비하는 외과 의사나 다른 분야에서 일하는 전문가들도 이와 비슷한 의식을 치른다. 자신의 직업을 진지하게 생각하고 그 분야에서 뛰어난 전문가들은 일을 할 때마다 자신이 따르는 체계적인 과정이 있다. 그 과정은 기계적이 아니라 체계적이다.

영업인들도 마찬가지다. 그러나 놀랍게도 많은 영업인들이 이러한 과정을 가지고 있지 않거나 실천하지 않고 있다. 당신은 신규 고객을 대할 때 체계적인 접근법을 가지고 있는가? 고객 앞에서 매번 유사한 과정을 따르는가? 그렇지 않다면 영업을 할 때 계약을 성사하기 위해 해야 할 것을 제대로 하고 있는가? 최고 영업인들의 업무 방식은 체계적이고 구조화되어 있으며 아무런 방법도 없이 상황을 맞는 모험을 절대 하지 않는다.


## 영업 관리자의 역할

영업 관리자는 자신이 관리하는 영업인들을 체계적으로 훈련시켜 강력한 결과를 창출할 수 있다. 그러나 영업 관리자들 중에서도 자신의 영업인들에게 모범이 될 만한 시스템을 이용하지 않는 사람들이 있다. 체계도 없이 어떻게 다른 영업인들을 효과적으로 다룰 수 있겠는가?

사회생활 초반에 프록터앤드갬블<sub>미국의 대표적인 비누, 세제 및 가정용품 업체</sub>에서 근무할 때의 일이다. 전화 영업을 할 때마다 우리에게는 따라야 하는 열두 가지 단계가 있었다. 전화를 한 번 하고 나면 매번 나를 담당하던 관리자가 그 열두 가지 단계에 대해 반복 연습을 시키곤 했다. 덕분에 나는 아직까지도 그 단계들을 기억하고 있다. 당시에 내가 성공할 수 있었던 이유 중 하나는 그 영업 관리자가 시간을 들여 아주 효과적인 영업 체계를 배울 수 있도록 도와주었기 때문이다.

체계적인 시스템은 관리자나 개인이 전화 영업이나 방문을 평가하고 영업 스킬을 향상하도록 해준다. 영업인이 충분히 말했는가? 추천할 때는 충분히 구체적이었는가? 고객의 니즈와 구매 동기를 완벽하게 이해하기 위해 올바른 질문을 던졌는가? 이런 질문에 영업인의 행동을 평가할 체계가 없으면 어떤 기술을 가르쳐야 할지, 무엇을 개선해야 할지 파악하기 힘들다.

당신이 영업 관리자라면 영업인들에게 이 모델을 가르쳐 실행에 대한 책임을 지게 할 것을 강력하게 권한다. 당신이 영업인이라면 이 책을 담당 관리자에게 권하고, 이 모델에 대해 가르쳐달라고 요구하기 바란다. 관리자나 동료와 함께 연습하는 것도 이 모델을 습득하기 위한 좋은 방법이다.

# 과정은 단순해야 한다

영업 활동 프로세스는 체계적이고 단순해야 한다. 프로세스가 단순하면 흥분한 상태에서도 지금 단계를 파악하는 데 도움이 된다. 우리의 불만 중 하나는 영업 모델이 너무 복잡해서 고객과 상담을 하는 동안 기억하기 어려운 것이었다. 어떤 모델은 고객과 계약을 마무리 짓기까지 13단계를 거치는 것도 있고, 서로 다른 열여섯 가지 유형을 파악해야 하는 모델도 있으며, 전화를 걸기 전에 준비해야 할 단계가 열두 개나 되는 모델도 있다.

이런 것들은 단계가 너무 많다. 영업인이라면 누구나, 가능성이 높은 영업상의 대화는 압박이 매우 심하고 감성적인 면이 많다는 것을 알고 있다. 그런 순간 고객과의 면담에서 오는 압박을 이겨내려면 단순한 모델이 필요하다. 당신이 가져야 할 프로세스는 기억하기 쉬울 만큼 단순하면서도 결과를 끌어내는 데 도움이 될 만큼 강력해야 한다.

당신은 따르기만 하면 성공을 보장하는 프로세스를 갖추고 있는가? 그렇지 않다면 이 책에서 소개하는 프로세스를 활용해보라. 만일 프로세스를 갖추고 있다면, 그 프로세스가 다음 기준을 충족하고 있는지 확인해보라.

- 당신의 실적을 지속적으로 개선할 수 있을 만큼 체계적인가?

- 기억하고 실행할 수 있을 만큼 단순한가?

- 21세기 고객의 변화를 반영하고 있는가?

• 당신에게서 가능한 만큼 결과를 끌어내고 있는가?

만약 그렇지 않다면, 이 책에서 소개하는 3단계 모델을 고려해보기 바란다.


## 상호작용을 위한 단순한 코칭 모델

코칭 대화 모델의 상당 부분은 영업 상황에 적합하게 바꿀 수 있지만, 계약을 성사하기 위해서는 그 모델을 약간 수정할 필요가 있다. 순수한 코칭에서는 코치가 계약을 성사시키는 일은 없다. 하지만 영업 상황에서는 그런 일은 있을 수 없다. 영업으로 돈을 벌어야 먹고살 것이 아닌가! 하지만 '계약을 성사시킨다'는 것 대신 '고객으로 하여금 최고의 구매 결정을 내리도록 안내하는' 기술을 보유한다는 것은 어떤가? 우리는 이런 접근법을 택하면 영업 성과와 고객 충성심은 저절로 따라올 것이라 믿는다.

대화 모델은 단순해야 한다. 코칭 영업 모델을 실천하기 위해 여러 가지 다른 기술을 익히는 것도 모자라 20가지 단계를 기억할 필요는 없다. 우리는 코칭 영업 모델을 3단계로 줄여 다음과 같이 3D 코칭 모델로 만들었다.

• Discover 발견

• Discuss 논의

• Decide 결정

코칭 대화의 '발견' 단계에서는 고객의 동기, 니즈, 관점을 수집한다. 코칭 대화의 '논의' 단계에서는 서로 다른 난제와 가능한 해결책에 대해 이야기한다. 코칭 대화의 '결정' 단계에서는 결과를 함께 창출하고 행동에 옮긴다. 이 3D 코칭 모델의 각 단계는 서로 뚜렷이 구별되며 자연스럽게 다음 단계로 이동하게 되어 있다.

이 모델이 갖는 힘은, 당신이 이 모델을 사용했는데도 영업 결과가 좋지 않다면 지금 하고 있는 일을 변화시킬 수 있다는 것이다. 상품이나 서비스가 고객에게 맞지 않는지, 또는 모델의 일부분을 능숙하게 해내지 못했는지 여부를 즉시 판단할 수 있기 때문이다. 어느 단계에서 '일을 망쳤다'면, 이전 단계로 돌아가 거기에서부터 성공적인 대화를 다시 시작하여 완수하면 된다. 다음 장부터는 3D 세일즈 코칭 대화의 세 가지 단계를 하나하나 상세히 다룰 것이다.

### 실행 과제 1  영업 유형 평가

당신의 영업 유형을 파악하기 위해 다음을 간단히 평가해보라.

**1.** 나는 다음을 통해 영업 성과를 달성할 수 있다.

   a. 프레젠테이션의 질

   b. 고객에게 얻은 정보

   c. 고객과 쌓은 관계의 질

**2.** 유능한 영업인은

   a. 프레젠테이션을 잘한다.

   b. 정보를 잘 얻는다.

   c. 관련성에 대해 잘 설명한다.

**3.** 내가 달성한 최고의 성과는

   a. 자료를 잘 파악해 달성되었다.

   b. 고객의 목표를 파악해 달성되었다.

   c. 내 고객의 비전을 파악해 달성되었다.

**4.** 다음과 같은 상황일 때 고객이 구매할 것이라는 점을 알 수 있다.

  a. 그들의 거부 의사를 잘 다룰 때

  b. 그들의 니즈에 내 상품이 잘 부합할 때

  c. 우리의 대화에서 파트너십이 느껴질 때


**5.** 나의 서비스나 상품이 그 고객에게 가장 잘 부합되지 않는다는 점을 깨달았을 때

  a. 나는 조언을 한 적이 한 번도 없다.

  b. 나는 조언을 좀처럼 하지 않는다.

  c. 나는 조언을 한 적이 많다.


**6.** 내가 아는 최고의 영업인은

  a. 자신의 상품에 있어 전문가다.

  b. 적절한 질문을 할 줄 아는 전문가다.

  c. 관계를 형성할 줄 아는 전문가다.


**7.** 누군가가 나에게 영업을 할 때 나는

  a. 그들의 프레젠테이션을 듣는 것을 선호한다.

  b. 우선 나에게 질문부터 해주는 것을 선호한다.

  c. 목적이 있는 대화를 나누고 있다는 느낌을 선호한다.


**8.** 영업인으로서 내가 가진 최고의 자산은

  a. 지식이다.

b. 기술이다.

c. 성격이다.

**9.** 내 고객의 삶의 목표가

a. 나의 영업 성과와는 별 관련이 없다고 믿는다.

b. 알아두는 것도 중요하다고 믿는다.

c. 영업 성과를 달성하는 데 결정적인 정보라고 믿는다.

**10.** 나의 영업 실적을 향상할 수 있는 가장 효과적인 전략은

a. 고객들과 더 자주 만나는 것이다.

b. 더 나은 질문을 하는 것이다.

c. 고객을 더 잘 아는 것이다.

이제 a, b, c를 각각 합산해보라.

√a의 총합 _____

√b의 총합 _____

√c의 총합 _____

- a: 전통적인 영업 방식
- b: 컨설팅 영업 방식
- c: 코칭 영업 방식

코칭 영업 방식에서 높은 점수를 받았다면 당신의 영업 철학은 이 책과 완벽하게 부합한다.

컨설팅 영업에서 높은 점수를 얻었다면 다음 단계로 조금만 변화를 주면 된다. 전통적 영업 방식에서 높은 점수를 받았다면 영업 방식을

다른 각도에서 바라볼 때 어떤 혜택이 있을지를 생각하며 이 책을 읽을 것을 권한다.

 **코칭 기술의 자기 평가**

고객과 만나 대화한 후 이 장에서 논의한 코칭 기술과 비교하여 각자의 유형을 관찰하고 적어보라. 긍정적으로 관찰하고 다음 단계로 성장할 수 있도록 자신에게 도전하라.

✓ 코칭 기술 관찰 양식 - 자기 평가

| 기술 | 고객과 대화할 때 다음을 어떻게 보여주었는가?<br>(구체적인 예를 사용하라) | 어떻게 하면 각각의 목표를 더 잘 수행할 수 있는가?(자기 자신에게 구체적인 제안을 하라) |
| --- | --- | --- |
| 고객의 목표와 동기를 이해한다. | | |
| 효과적인 질문을 한다. | | |
| 세 가지 경청 유형을 활용해 상대방의 말에 귀를 기울인다. | | |
| 곰곰이 생각하고 분명하게 말한다. | | |
| 전략을 짜고 문제를 해결한다. | | |
| 목표를 달성하기 위해 상애물을 극복한다. | | |
| 대화를 행동, 해결책으로 이끈다. | | |

 **코칭 기술의 객관적 평가**

우리가 영업 관리자나 친구, 또는 오랫동안 신뢰 관계를 맺어온 고객을 초대하여 위에서 말한 것 외의 다른 영역에서 향상될 수 있도록 도움을 받아라. 전화 영업을 할 때 역할극을 하거나 실제로 전화할 때 초대해서 당신이 말하는 것을 들어달라고 하라. 이때 코칭 기술 관찰 양식을 사용하여 피드백을 부탁하라. 코칭 기술 중 어느 부분을 잘했으며, 어느 부분에서 개선이 필요한지 피드백을 부탁하라.

✓ 코칭 기술 관찰 양식 - 자기 평가

| 기술 | 영업인이 잘해낸 긍정적인 부분 | 영업인이 더 잘할 수 있는 방법 제안하기 |
|---|---|---|
| 고객의 목표와 동기를 이해한다. | | |
| 효과적인 질문을 한다. | | |
| 세 가지 경청 유형을 활용해 상대방의 말에 귀를 기울인다. | | |
| 곰곰이 생각하고 분명하게 말한다. | | |
| 전략을 짜고 문제를 해결한다. | | |
| 목표를 달성하기 위해 장애물을 극복한다. | | |
| 대화를 행동, 해결책으로 이끈다. | | |

# 성공적인 영업을 위한 코칭 모델

3장. 코칭 모델 1단계: 발견(DIscover)

4장. 코칭 모델 2단계: 논의(DIscuss)

5장. 코칭 모델 3단계: 결정(Decide)

# 코칭 모델 1단계:
# 발견(Discover)

─── • • • ───

"좋은 질문은 쉬운 답변보다 더 좋다."
: 폴 A. 새뮤얼슨(Paul A. Samuelson)

"날씨를 우습게 보지 말라. 열 명 중 아홉 명은 날씨가 바뀌지 않으면
어떻게 대화를 시작해야 할지조차 모른다."
: 킨 허바드(Kin Hubbard)

## | 개요 |

영업인들이 경험하는 가장 일반적인 고객의 반응 중 하나는 "그냥 둘러보는 중이에요"이다. 왜 그럴까? 많은 사람들이 영업인을 자신이 최고의 구매 결정을 내리도록 도와주는 사람이라고 생각하지 않기 때문이다.

3D 코칭 모델을 활용하면 고객들이 당신과 이야기하고 싶게 만들 수 있다. 이는 당신이 고객들에게 필요한 것과 고객들이 원하는 것을 발견하고 진심으로 고객들이 꼭 필요한 구매를 할 수 있게 도와줄 것이기 때문이다. 이 장에서는 결정적 야드를 돌파할 세 단계 중 첫 번째 단계, 즉 '발견'에 집중한다. 고객의 니즈, 동기, 관점을 발견하면 고객들에게

더 좋은 서비스를 제공하고 그들이 필요로 하는 것에 꼭 들어맞는 올바른 판매를 할 수 있다.

먼저 이 장에서는 당신과 고객 모두가 구매 결정에 필요한 고객의 니즈와 욕구를 이해할 수 있도록 하기 위해 전반적인 상황을 그려보는 방식으로 코칭 대화를 시작하는 방법을 살펴볼 것이다. 그리고 자신의 유형을 찾기 위해 사용할 수 있는 정확한 어법을 보여주기 위해 여러 산업에 적용되는 예를 보여줄 것이다. 당신은 이 모델의 첫 단계를 거치면서 고객의 동기와 관점을 이해하고 경청하며, 효과적으로 질문하고, 반응할 수 있는 코칭 기술을 더욱 면밀하게 살펴보게 될 것이다. 각 단계마다 우리는 당신이 고객이나 고객과의 상호작용을 완벽히 습득할 수 있도록 구체적인 코칭 도구를 제시할 것이다. 이 장에서는 또한 여러 유형의 사람들을 이해하고 이에 맞추는 도구인 TEAM에 대해서도 알아볼 것이다.

## | 현장 경험 |

"그 영업인은 천재입니다!"

이 말을 한 금융 컨설턴트는 우리 회사 소속의 기업고객 영업인과 전화통화를 하다 막 끊은 참이었고, 아주 강한 인상을 받은 듯했다. 나는 그 영업인이 뭘 그렇게 잘했는지 물었다. 그러자 그 금융 컨설턴트는 그 영업인의 유형과 그가 한 질문에 대한 이야기를 늘어놓았다. 그 금융 컨설턴트의 말은 다음과 같았다.

"저를 정말로 감동시킨 것은 그가 전화를 시작하는 방식이었습니다. 그는 자기 상품 중 하나에 대해 말하려고 준비했겠지만, 그 전에 먼저 제 비즈니스와 제가 무엇에 집중하고 있는지 진정으로 이해하고 싶다고 말하는 게 아니겠어요. 영업인 중에 제 비즈니스에 대해 알고 싶다고 말한 사람은 처음이었어요. 그 사람은 대체 그런 걸 어디서 배웠을까요? 그는 아주 괜찮은 사람이에요. 그쪽 분야에서 오랫동안 일했던 게 분명해요. 자기가 하는 일을 잘 알고 있으니까요. 저라면 그 사람을 절대 놓치지 않겠어요."

이 금융 컨설턴트가 몰랐던 것은, 전화를 했던 그 영업인이 실제로는 이 분야에 갓 들어온 신참 영업인이었다는 사실이다. 월요일 아침이 그에게는 첫 출근이었고, 그 금융 컨설턴트와의 통화가 영업인으로서 첫 전화였다. 그 '신참'은 우리가 이 장에서 당신에게 보여줄 기법을 활용하는 훈련을 받은 사람이었다.

| 원칙 |

## 코치는 어떤 사람인가?

코칭 영업의 첫 단계 모델을 보여주기 전에 우선, 위대한 코치는 어떤 사람인지 생각해보자.

## 1_ 코치는 효과적인 질문을 한다

코치는 고객의 목적과 동기를 이해하기 위해 효과적인 질문을 한다. 코치는 상품이나 서비스의 목적을 공유하고 비전을 주기 위해 고객과 함께 노력한다. 당신은 상품이나 서비스를 고객의 목적이나 비전과 연결할 때 계약을 성사할 수 있고 고객에게 큰 이익을 줄 수 있다. 올바른 질문은 최고의 설명보다 몇 배나 강력하다. 질문은 고객이나 기존 고객들이 스스로 해결책이나 관점을 발견하고 결정할 수 있게 해준다. 일반적인 코칭 질문에는 다음과 같은 것들이 있다.

- "무엇을 원하십니까?"
- "고객님이 원하는 것을 성취하기 위해 무엇을 할 수 있을까요?"
- "언제, 어디서, 누구와 함께하기를 원하십니까?"
- "지금까지 구매하지 않은 이유가 무엇입니까?"
- "어떻게 구매하실 생각입니까?"

이 질문들이 올바르게 사용된다면 영업 분야든 다른 분야에서든 코칭 관계에서 놀라울 정도로 큰 힘을 발휘할 수 있다. 이러한 질문들은 어떤 순서를 따르거나 심문하듯 해서는 안 된다. 질문은 코치들이 고객과 관계를 맺고, 고객을 이해하고, 고객에게 동기부여를 할 때 쓸 수 있도록 주머니에 간직해두어야 하는 가이드라인과 같다. 고객에게 질문할 때 또 하나 고려해야 할 것은, 자신이 던지는 질문이 어떤 종류인지 정확히 알아야 한다는 것이다. 고객에게 던질 수 있는 질문으로는 다음에 나오는 다섯 가지가 있다.

- **사실적 질문**: "무엇을 구매하려고 하십니까?"
- **감성적 질문**: "지금까지 쇼핑하면서 어떤 느낌이 드셨습니까?"
- **행동적 질문**: "지금까지 어떤 상품/서비스를 보셨습니까?"
- **관계적 질문**: "고객님의 구매 결정에 영향을 미치는 사람들은 누구입니까?"
- **정신적 질문**: "이 상품/서비스를 구매하면 어떤 니즈를 충족하실 수 있습니까?"/ "이 상품/서비스는 고객님께서 원하시는 현재와 미래에 어떤 관련이 있습니까?"

코치들은 자기 발견으로 연결되는 올바른 질문이 그 사람의 인생까지 바꿀 수 있다는 것을 알고 있다. 고객 혹은 기존 고객들에게 코치의 역할을 해야 한다고 믿는 영업인들은 올바른 질문이 최상의 구매 결정을 내리도록 이끌어준다는 것을 알고 있다. 고객들이 최상의 방법을 발견하도록 도울 때 당신은 당신에게 충성하는 열정적인 지지자를 만들 수 있다. 효과적인 질문은 '발견' 단계의 기초라고 할 수 있다. 단, 듣기 기술이 없는 질문은 무용지물이다.

## 2_ 코치는 귀 기울여 듣는다

질문은 잘하지만 듣기는 형편없거나 그저그런 코치는 언제 닥칠지 모르는 재앙을 안고 있는 것이나 다름없다. 질문하는 것과 잘 듣는 것은 밀접한 관련이 있다. 열린 마음을 갖고 있지 않으면 효과적으로 들을 수 없다. 사람들이 상대의 말에 귀 기울이는 이유는 잠시 말이 끊긴 틈을 타서 자기가 말할 기회를 노리기 위해서인 경우가 많다. 고객의 말에 진정으로 귀를 기울이는 것이 아니라 대화가 중단된 틈을 타서 자기가 말할 기회를 기다리고 있는 것이다.

훌륭한 경청자는 당신에게 새로운 개념은 아닐 것이다. 그런데 훌륭한 경청자가 되기 위해서는 몇 가지 주의할 점이 있다. 우선 정보에 귀를 기울여야 하고, 감정에 귀를 기울여야 한다. 또한 행동과 실행에 귀를 기울여야 한다. 가장 중요한 점은 고객이 원하는 방식으로 귀를 기울여야 한다는 것이다. 당신은 정보를 얻기 위해 귀를 기울이는데 고객이 감정을 전달하려 한다면, 둘 사이에는 신뢰 관계가 생기지 않을 것이다. 고객과 상담할 때 귀를 기울여야 하는 대상은 다음과 같다.

- 상품이나 해결책에 대한 생각
- 고객이 문제를 해결하는 데 사용한 과거의 전략
- 감정
- 막힌 생각
- 도전거리를 다루는 패턴
- 도움의 필요성이나 희망에 대한 느낌
- 경쟁 목표
- 가능한 해결책
- 관계의 영향

- 훌륭한 결정을 내리도록 고객을 도울 수 있는 힘

- 당신에 대한 반응

- 불확실한 표현('노력하겠다', '어쩌면', '일종의' 등)


또한 잘 듣는다는 것에는 비언어적인 행동을 잘 보고 듣는 것도 포함된다. 무엇이 상대에게 영향을 미치는지, 저항감을 불러일으키거나 결정적 야드를 넓힐 수 있는 것은 무엇인지 힌트를 얻기 위해서도 비언어적 행동을 관찰하는 것은 매우 중요하다. 그렇다면 어떻게 들어야 효과적인 듣기인 것일까? 그리고 고객이나 고객에게서 관찰할 수 있는 것에는 어떤 것이 있을까? 고객에게 관찰할 수 있는 것은 다음과 같다.


- 목소리

- 몸짓

- 대화에 몰입하기

- 감정

- 혼란 또는 주저

- 주의 산만


노련한 코치들은 자신의 잠재고객이나 기존 고객들에게 주도권을 주지만, 지금 닥친 문제로 다시 돌아올 수 있도록 고객과 '함께 춤을 춘다.' 즉, 고객이 리드하면서도 현재의 상황에 집중하도록 만든다. 이것은 고객의 행동과 태도를 관찰하고 그에 적응하지 못하면 절대로 할 수 없는 일이다.

때로는 관찰한 것들을 그저 말하기만 해도 도움이 되는 경우가 많다. 우리가 아는 한 영업인은 어떤 부부와의 계약이 거의 성사되어 계약서에 서명만 하면 되는 상황에 있었다. 그러나 부부가 서명을 하려는 순간 전화가 걸려왔다. 전화 저편에서 상대방이 잠시 사무실 밖으로 나오라고 요청했다. 그는 사무실 밖으로 나가면서 "신사분들, 죄송합니다. 잠깐만 통화하고 금방 돌아오겠습니다."라고 말했다. 그런데 그가 사무실로 돌아왔을 때 부부는 더 이상 사근사근하지 않았고, 그에게서 거리를 두려는 듯 보였다. 하지만 뛰어난 코치인 그는 이렇게 간단히 묻기만 했다.

"뭐 잘못된 게 있나요? 분위기가 달라진 것 같은데요."

그러자 남편이 그를 바라보며 대답했다.

"제 아내는 '신사'가 아닙니다. 그렇게 불리는 것을 좋아하지 않아요."

그 영업인은 생각 없이 그런 말을 쓴 것에 대해 곧바로 사과했다. 덕분에 그는 고객과의 관계를 금방 회복하고 계약을 성사시킬 수 있었다. 만일 그가 부부의 몸짓과 사무실 안의 '느낌'을 관찰하고 그에 대해 언급하지 않았더라면 수월하게 계약을 맺지는 못했을 것이다.

이렇게 관찰의 힘 외에도, 당신과 고객이 신뢰 관계를 유지하는 데 도움이 되는 또 다른 능력으로는 다음에 소개할 반영reflection과 확인clarification의 기술이 있다.

## 3_ 코치는 반영하고 확인한다

코치들이 사용하는 기술 중 가장 단순하지만 가장 강력한 기술 중 하나는 반영하고 확인하는 것이다. 놀라운 일이지만, 영업인들을 코칭하다 보면 고객과의 상담에서 이 단계를 생략해버리는 영업인들이 꽤 있다. 이에 대해 피드백을 주면 그들은 자신을 방어하려 든다.

"저는 고객들이 뭐라고 했는지 확실히 들었습니다. 그러니 그걸 한 번 더 반영할 필요는 없었습니다."

그러면 우리는 다시 질문한다.

"고객도 그걸 안다는 걸 어떻게 확신하죠?"

고객이 말했던 내용을 다시 곰곰이 생각하는 태도는 내가 고객의 말을 들었고 니즈와 문제를 잘 이해했음을 나타내준다. 심리학적으로 볼 때 사람들은 대부분 자신이 했던 말을 다른 사람의 입을 통해서 다시 듣는 것을 좋아한다고 한다. 그러나 대부분의 팀 미팅, 커플 간 대화, 심지어 고객과의 대화에서도 이 기술을 사용하는 경우가 거의 없다. 코치가 반영해야 하는 것은 크게 다음의 두 가지이다.

- 상대가 했던 말의 내용
- 상대가 그 내용을 말하면서 드러냈던 감정 상태

예를 들면 이런 식이다.

"존, 제가 제대로 이해했다면, 지금 가지고 있는 구식 컴퓨터 때문에 몇 달 동안이나 짜증이 났고, 심지어 지난 몇 주 동안 에러 메시지가 더 늘어나고 속도가 줄어드는 바람에 더욱더 화가 났다는 거지요?"

그런 다음에는 존의 반응을 보기만 하면 된다. 이렇게 존이 말했던 내용을 정리하고 반영하면 다음과 같은 이점이 있다.

- 존은 자신이 이해받았다는 생각에 안심할 수 있다.
- 존은 고개를 끄덕이거나 "그렇다"고 말하는 것으로 당신과 협력적인 파트너십을 갖기 시작한다.
- 존은 당신을 더욱 신뢰하기 시작한다.
- 존은 당신이 그저 말할 차례가 오기까지 기다린 것이 아니라, 자신이 한 말에 진정으로 관심을 기울였다는 것을 알게 된다.
- 이제부터 존은 더 많은 것을 당신과 공유할 것이다. 당신이 그의 마음을 열기 위해 또 다른 질문을 할 필요도 없을 것이다.
- 당신이 존의 말을 잘못 이해했다면 당신은 존이 받은 인상과 선입견을 바로잡을 기회를 줄 수 있고, 이로 인해 당신은 엉뚱한 길로 빠지지 않을 수 있다.

따라서 코칭 대화에서 이 단계를 생략할 하등의 이유가 없다. 효과적인 질문을 하고, 귀 기울여 듣고, 반영/확인하는 방법을 터득하면 다른 사람들보다 훨씬 앞서가게 될 것이다. 잘 반영하고 확인한다는 것은 당신이 효과적인 질문을 했으며, 고객이 진정으로 필요로 하는 것에 귀를 기울였다는 증거이기 때문이다.

## 모델의 첫 번째 단계

앞의 내용을 상기하는 의미에서 이 책이 어떤 책인지 다시 짚어보자. 우리는 당신의 상품이나 서비스에 관심을 보이는 고객과의 상호작용을 위한 모델과 전략을 제시하고 있다. 다시 말해, 이 책은 우리가 고객과 왜 만나야 하는지를 이해하는 틀에서 시작했다. 이 책은 이 틀 내에서 당신의 특정한 상황을 고려하고, 이에 맞춘 단계별 모델을 제공할 것이다.

단, 주의할 점이 하나 있다. 코칭 대화의 3단계 중 발견이라는 첫 단계가 가장 복잡하다는 것이다. 발견 단계에서는 여러 가지 다른 것이 작용할 수도 있고, 어떤 것은 기초적이거나 내용이 없어 보일 수도 있다. 그리고 더 깊이 파고들면 어떤 요소들은 기억해야 할 단계가 너무 많아 복잡해 보일 수도 있다. 그러나 영업인 수천 명을 훈련한 결과 이 단계들이 충분히 효과적이었으며, 여기에 집중하고 실행한다면 제2의 천성이나 습관을 만들 수 있었다.


## 대화 시작하기

'발견'은 고객과 가벼운 대화를 할 때 시작된다. 가벼운 대화를 별로 좋게 생각하지 않는 사람도 있지만, 이는 판매 과정의 일부로써 반드시 필요하다. 가벼운 대화는 고객을 편안하게 만들어주고 당신이 고객에게 계약을 성사하는 것 이상의 관심이 있다는 것을 보여주기 때문이다.

영업인의 관점에서 가벼운 대화의 목적은 영업 과정에서 협력 증진을 위한 감정적 연결고리를 만들기 위함이다.

가벼운 대화에 대한 두려움을 극복하는 방법 중 한 가지로는 호기심에 집중하는 것이 있다. 사람들은 파티에 갈 때 누군가에게 무슨 말을 해야 할지를 생각하는 대신, 누군가를 만났을 때 자신이 궁금해하는 것에 집중한다. 자신의 사고를 호기심으로 옮기는 것은 사회적 상황에서 오는 부담감을 덜어주고 즐겁게 만들어 준다. 이는 가벼운 대화에 대한 사고방식을 변화시키는 데 매우 효과적인 방법이다. 가벼운 대화는 이러한 상황에 부담 없이 다가가도록 해주고 상대하는 사람들에게 더 많은 존중과 관심을 보여주도록 해준다.

이제 이것을 영업 상황에 적용해보자. 비즈니스 대화로 곧장 들어가기 전에 공통점을 찾기 위해 상대방에게 몇 가지 질문을 하는 것은 바람직한 일이다. 호기심으로 대화를 시작할 수 있는 몇 가지 예는 다음과 같다.

- "고향이 어디십니까?"
- "어떤 직업을 갖고 계십니까?"
- "○○에 사신 지 얼마나 되셨습니까?"
- "비행은 어떠셨습니까?"
- "지금까지 고객님의 삶은 어떠셨습니까?"

호기심으로 대화를 시작하는 좀 더 특별한 예로는 다음과 같은 것이 있다.

- "가보셨던 곳 중에 가장 흥미로운 곳은 어디였습니까?"

- "하시는 일에서 가장 만족스러운 점은 무엇입니까?"

- "어느 곳이든 자유로이 선택해서 살 수 있고, 인생의 계획도 그대로 유지할 수 있다면, 어디에서 사시겠습니까?"

- "최근에 여행을 하다 본 것 중에서 가장 특이한 것은 무엇입니까?"

- "인생에서 가장 성취하고 싶지만 아직까지 이루지 못한 한 가지는 무엇입니까?"

당신이 이런 구체적인 질문을 좋아하는지 그렇지 않은지는 상관없다. 당신은 당신의 유형에 맞는 질문을 찾으면 되고, 여기서 제시한 대로 따를 필요는 없다. 우리가 바라는 것은 따분하고 일상적인 정보나 얻을 뿐인 질문과 금광의 문을 열 수 있는 호기심에 기반한 질문의 차이점을 실감하라는 것이다. 호기심 어린 질문은 상대방과 아무런 관련이 없는 기계적으로 암기한 질문보다 훨씬 강력하며, 고객과의 유대감을 강화시킨다. 또한 호기심 어린 질문은 고객에게 진정으로 관심을 가지고, 고객의 니즈와 관점에 집중하도록 해준다.

## TBOP

호기심을 활용한 대화의 첫 단계를 지나면, 공동으로 영업 과정을 만들어간다는 마음으로 가벼운 대화를 목표가 있는 대화로 전환해야 한다. 우리 저자들은 이 과정을 머리글자를 따서 TBOP라고 부른다.

- Transitional opener 전환하기
- Benefits 이득
- Obstacles 장애
- Plans 계획

TBOP 과정은 기존의 영업 상황에서 고객을 최대한 돕기 위해 이들의 니즈와 관점을 완전히 이해하는 데 사용된다. 이 과정은 고객과의 대화를 상담 분위기로 바꾸어주는 체계를 제공한다. 이 과정을 자세히 살펴보자.

## 1_ TBOP의 T: 전환하기

TBOP의 T는 '전환하기transitional opener'를 의미한다. 이는 호의적인 커뮤니케이션과 견고한 관계를 극대화하는 방법으로 고객과 대화를 시작하는 방법이다. 만약 내 자녀 중 하나가 영업인이 되었고 내가 한 가지 기술만 가르쳐줄 수 있다면, 그것은 바로 이 '전환하기'이다. 이 기술은 고객과의 대화를 완전히 바꿔놓는 강력한 기법이다. '전환하기'는 다음과 같은 역할을 한다.

- 가벼운 대화에서 비즈니스 대화로 자연스럽게 넘어가게 해준다.

- 전화 영업의 시작 부분에서 가벼운 대화를 너무 많이 하는 함정에 빠지지 않게 해준다.

- 고객이 먼저 말하기 때문에 그들이 현재 무엇에 집중하는지, 당신이 채워줄 수 있는 틈이 무엇인지 알 수 있다.

- 고객이 논의하는 목적을 완전히 잊어버리는 당혹스러운 상황을 피할 수 있게 해준다.

- 고객에게 중요한 것이 무엇이며, 고객의 이슈가 무엇인지 이해하는 데 도움이 된다.

- 결정적 야드를 돌파해서 의제를 고객에게 넘겨주는 데 5초밖에 걸리지 않는다.

- 고객에게 권고가 적절한 것임을 보증해준다.

- 영업을 코칭 대화로 바꾼다.

'전환하기'는 '드러내고 반영하기' 모델을 따른다. 고객의 목적을 드러내도록 하고 목적을 이해한 것을 반영해 고객으로 하여금 당신이 그 목적을 이해하고 있음을 '알게' 함으로써 대화를 시작하는 초반에 긍정적인 인상을 준다. '전환하기'는 자신감의 표현, 고객 혜택, 우선순위 발견 등 세 부분으로 구성된다. '전환하기'에 효과적인 질문은 "무엇을 원하십니까?" 이다.

## 1) 자신감의 표현

자신감의 표현은 기본적으로 고객에게 당신이 영향을 미치며, 어떤 방식으로든 최고의 상담을 제공할 준비가 되었음을 알려줘 고객들이 대화에 기대를 갖게 도와준다. 영업 상황에서 많은 사람들은 당신이 서비스나 상품에 대해 곧바로 설명하기 시작할 거라고 예측한다. 고객들은 이런 유형의 일방적인 대화에 익숙하다. 사실 많은 영업 상황중 고객의 입에서 제일 먼저 나오는 질문은 "당신 상술은 뭔가요?" 이다.

당신이 먼저 자신감을 표현하지 않고 곧장 고객을 코칭하기 시작하면 고객은 당신이 준비가 되어 있지 않거나, 자신에게 설명할 정보를 갖고 있지 않거나, 또는 시간이나 벌면서 과정을 혼란스럽게 한다는 잘못된 가정을 할 수 있다. 그러므로 '전환하기'를 시작할 때는 자신감, 기꺼운 마음, 준비되었다는 것을 표현해야 한다. 그렇게 하면 고객은 편안해지고 경기의 규칙을 정해 양측 모두가 그 과정을 이해하게 된다.


2) 고객 혜택

고객의 저항감이나 혼란을 피하기 위해서는, 더 많은 정보를 줘서 고객들에게 더 큰 만족을 줄 수 있다는 것을 설명해야 한다. 즉, 고객에게 상품에 대해 말하기보다는 당신이 왜 그들에게 질문해야 하는지를 설명해야 한다. 이는 고객에게 코칭 영업 접근법의 장점을 알려준다. 물론 고객이 이에 대해 저항감을 가지거나 당신의 상품이나 서비스에 관심을 갖지 않거나 기존의 영업 접근법을 기대한다면, 전통적인 영업 방식으로 바꾸어서 계속 진행하면 된다. 그러나 우리의 경험으로 보면 대부분의 고객들은 코칭 과정이 더 도움이 된다고 느꼈다. 특히 컨설팅 영업 모델에 더 친숙한 사람일수록 그렇게 느꼈다. 일단 고객의 동의를 얻고 나면 우선순위를 발견하는 단계로 넘어갈 차례이다.

## 3) 우선순위의 발견과 목적에 대해 구두로 합의하기

이는 매우 단순하지만 많은 영업인들이 대화를 시작할 때 제대로 실행하지 못하고 있다. 놀랍게도 많은 영업인들은 기존 고객이나 고객과의 만남에서 마음속으로 다른 목적이 있다는 사실을 깨닫기도 전에, 자신의 상품이나 서비스에 대해 몇 분 동안 설명부터 한다. 고객의 목적을 확인하는 데는 몇 가지 방법이 있다. 고객에게 목적에 대해 물어봄으로써 우선순위를 발견하고 자신감을 표현하며 코칭 모델의 장점을 혼합한 몇 가지 예를 아래에 제시한다. 이 예들은 다음과 같이 기본적인 공식을 따른다.

- 자신감/준비되었음에 대한 표현을 한다.
- 본격적으로 시작하기 전에 당신의 질문이 고객에게 어떤 이득을 주는지를 확실히 밝히는 말을 한다.
- 고객의 목적과 니즈를 발견할 수 있는 질문을 한다.

– 예시

- "○○에 대해서 고객님과 이야기할 준비가 되었습니다. 저는 저희 상품이 시중에서 최고의 상품이라고 확신합니다만, 우선 고객님의 생각과 일치하는지, 고객님의 니즈에 저희 상품이 최상의 해결책인지 확인하고 싶습니다. 이 ○○을 통해 고객님이 찾고 계신 것이 무엇인지 고객님께 묻고 싶습니다."
- "○○에 대해 고객님과 함께 의견을 나누고 싶습니다. 하지만 먼저 고객님이 무엇을 원하는지를 완전히 이해할 필요가 있습니다. 고객님께서 ○○을 구매해서 얻고

자 하는 게 무엇인지 말씀해주실 수 있겠습니까?"

- "저는 왜 많은 분들이 ○○을 구매하는지 이유를 말씀드릴 수 있습니다. 제가 고객님이 정말로 찾고 계신 것이 무엇인지 안다면 고객님을 최대한 도와드리는 데 도움이 될 것 같습니다. ○○을 찾으시는 동기가 무엇인지 말씀해주시겠습니까?"

- "참고로 말씀드리면 저는 제 상품에 대해 상세히 논의할 준비가 되어 있고 다른 사람들이 이 상품을 통해 어떤 혜택을 누렸는지 말씀드릴 수 있습니다. 하지만 그 전에 고객님의 상황과 찾고 계신 것이 무엇인지 제가 제대로 이해했는지부터 확인하고 싶습니다. 그러니 먼저 몇 가지 질문을 드려도 괜찮겠습니까? 예를 들면, ○○을 사야겠다고 마음먹고 쇼핑을 시작할 때 어떤 목적을 마음에 두고 계셨습니까?"

이는 고객이 구매를 하는 주된 이유를 찾기 위한 과정이기 때문에 그렇게 많은 시간이 소요되지 않는다. 고객들이 특정한 상품을 구매하려는 가장 중요하고 개인적인 목표를 찾는 데 귀를 기울여라. 당신의 상품이 이들을 위해 무엇을 해줄 수 있는가? 이 사람들은 당신의 상품을 어떻게 사용할 것인가? 그들은 왜 당신의 상품을 원하는가?

당신의 경청 기술을 테스트하는 의미에서, 더 중요하게는 고객과 관계를 맺는 기법으로써 '전환하기'를 끝낼 때에는 고객이 언급한 목적에 구두로 합의하는 것이 중요하다. 참을성이 없는 영업인들은 대화에서 이 과정을 건너뛰어 고객과 관계를 맺는 데 실패하기 일쑤다. 당신은 이런 실수를 해서는 안 된다. 구두 합의를 성공적으로 성사시키는 예는 다음과 같다.

- "그럼 제가 제대로 이해했는지 확인해보겠습니다. 고객님과 제가 지금 만나고 있는 주된 이유는 고객님의 리스가 만기가 되어가고 있고, 지난번에 리스한 상품만큼이나 마음에 드는 새로운 모델을 찾으려고 생각 중이신 거죠?"

- "이쯤에서 제가 고객님의 주된 목적을 제대로 이해하고 있는지 확인해볼까 합니다. 지난번에 고용했던 컨설턴트는 너무 수동적이었기 때문에 고객님은 투자를 관리하는 금융 컨설턴트를 원하시는 것 같습니다. 고객님께서는 그 컨설턴트의 수동적 태도가 고객님의 실적에도 영향을 미쳤다고 느끼시고 다시는 이런 일이 없었으면 한다고 말씀하시는 거지요? 저와 제 투자 철학을 이해하고 제 고객들이 투자에 대해 어떤 접근을 취하는지도 알고 싶으시고요."

- "그럼 오늘 고객님과 저의 미팅 목적은 이번 비즈니스 기회가 고객님이 추구하시는 다른 기회들로 어떻게 이어질 것인지를 파악하시려는 것이군요. 맞습니까?"

기본적으로 이 모든 예시는 다음과 같이 요약된다.

- "제가 맞게 이해했다면, 고객님께서는 ○○을 원하십니다. 맞습니까?"

새로운 고객을 처음 만났든, 어떤 고객과 열다섯 번째로 만나서 이야기하는 상황이든 '전환하기' 단계는 항상 적절하며, 다음과 같은 효과가 있다.

- 시간 낭비를 줄인다.
- 신뢰를 잃는 일이 없다. 고객이 이미 사용해보고 효과가 없거나 자기에게 맞지 않

았던 상품을 권하게 될 상황이 없어진다.

• 고객에게 당신의 능력을 입증해야 하는 함정에 빠지지 않는다.

고객의 요구와 상관없는 상품 권유로 고객의 시간을 낭비하는 대신 고객이 진정으로 원하는 것을 이해하기 위해 시간을 투자하면 당신에게도 이득이 될 뿐만 아니라 고객도 혜택을 입을 수 있다.

### 4) 프레젠테이션에 대한 부담감 다루기

결정적 야드에 이르렀으나 프레젠테이션을 원하지 않는 고객도 가끔 있다. 사실 우리는 3~4분 정도 프레젠테이션을 하는 영업인을 만나는 데 익숙해져 있다. 영업인들은 시선도 돌리지 않고 자신의 이메일을 계속 읽고 있는 고객에게서 "뭘 팔려고 하는지 말씀하세요." 라는 말을 듣곤 한다. 고객들의 이런 무심한 태도는 영업인에게는 험난한 영업 환경이 된다. 다시 말해 많은 영업인이 별 생각 없이 고객의 사무실로 걸어 들어가 프레젠테이션을 하기 때문에 이런 경우를 흔히 볼 수 있는 것이다. 영업인들은 무심결에 프레젠테이션을 하도록 훈련받은 것이다. 이런 종류의 저항에 부딪혔을 때는 전환하기를 시작하기 전에 다음과 같은 말부터 하라.

• "저는 오늘 저희 회사 서비스에 대해 고객님과 이야기를 나눌 확실한 준비가 되어 있지만 고객님이 무엇을 찾고 계신지 이해하기도 전에 어떤 상품이 고객님께 맞을 것이라고 가정하는 것은 염치없는 행동이라고 생각합니다. 제 고객님들은 자

신의 특수한 상황이나 어려움을 제가 이해하면 할수록 더 많은 혜택을 누린다는 점을 알고 계십니다. 제가 사용하는 이 과정은 고객님께 적합한 것이 있는지 저와 고객님 모두가 깨달을 수 있도록 도와줄 겁니다. 괜찮으시다면 몇 가지 질문을 더 하고 싶은데 어떻게 생각하시는지요?"

그러나 일단 전환을 했는데 그 고객이 계속해서 프레젠테이션을 해 달라고 요청하면 그들이 원하는 대로 유형을 바꾸는 것이 좋다. 이때 고객들과 다투는 것은 도움이 되지 않는다. 다른 이슈들은 제쳐두고, 무엇보다 당신이 속한 업종과 고객에 대해 잘 알고 있는 것이 중요하다. 고객 중에 어떤 고객은 프레젠테이션을 원할 것이고, 어떤 고객은 코칭 접근법을 원할 수도 있다. 방법을 잘 모르거나 신뢰할 만한 제3자에게 소개를 받지 않은 사람들에게는 이것이 어려운 일일 수도 있다.

우리의 판단력을 믿고 고객에게 맞는 올바른 접근법을 선택하라. 코칭 모델을 일단 익혀두어 특별한 예외가 없다면 고객을 만날 때 코칭 접근법을 자동적으로 취할 수 있도록 하라. 또한 이 모델은 임의 방문이나 전화cold call에 집중해 고객을 확보하기 위한 도구로 만들어진 것이 아니라 고객들에게 강한 영향력을 미치고 장기적인 관계를 구축하고 싶은 영업인들을 위한 모델임을 기억하라.

## 2_TBOP의 B: 이득

목적과 과정에 대한 합의가 형성되면 TBOP 과정의 'B'로 넘어간다.

이것은 상품이나 서비스에 관련해서 고객이 자신의 목적과 부합하는 '이득benefits'을 얻게 된다는 것을 드러내고 반영하는 것이다. 이 단계에서는 고객이 전체적인 그림을 그려보고 자신의 목적에 부합하는 이득에 대한 비전을 그릴 수 있게 격려해야 한다. 그렇게 하여 고객이 구매를 원하는지를 느낄 수 있게 도와줘야 한다. 이는 고객의 구매 동기를 끌어올리고, 당신과 고객의 유대감을 강화해준다. 그런 이득을 드러내는 데 도움이 되는 질문은 다음과 같다.

- "○○을 구매했을 때, 고객님의 인생 계획에 어떤 영향을 준다고 생각하십니까?"
- "○○을 구매했을 때, 고객님께 어떤 이득이 있습니까?"
- "○○을 소유하면, 어떤 비전이 있다고 생각하십니까?"
- "왜 ○○을 구매하려고 하십니까?"

이런 일반적인 질문들을 완벽히 익혔다면 이제는 질문들이 구체적으로 어떻게 적용될 수 있는지 알아보기 위해 업종별 질문을 살펴보자.

- 금융 서비스
- "한 명의 금융 컨설턴트에게 모든 자산을 맡기면 어떤 이점이 있습니까?"
- "컨설턴트에게 기대하는 유형의 관계가 있으십니까? 이 관계가 고객님의 인생에 대한 계획에 어떤 도움을 줄 것 같습니까?"

- 코칭 및 훈련

• "목표에 집중하는 것을 도와주는 코치를 두는 것에 대해 어떻게 생각하십니까?"

• "자신감을 갖는 기술에 대해 영업인을 훈련하는 것이 고객님께 어떤 혜택을 가져다줄 거라고 생각하십니까?"


- 네트워크 마케팅

• "자신의 비즈니스를 하는 것이 스스로에게 어떤 이점을 줍니까?"

• "우리가 스스로 조절할 수 있는 유연한 스케줄을 가질 수 있다는 점에 대해 어떻게 생각하십니까?"


- 자동차 산업

• "왜 렉서스를 구매하려 하십니까?"

• "컨버터블 자동차를 소유하면 어떨 것 같습니까?"


- 보험

• "가족의 주택 자금이나 자녀의 대학 학자금을 모두 마련할 수 있는 보험을 들면 어떤 이점이 있을 것 같습니까?"

• "보험을 들려는 주된 이유가 무엇입니까?"


- 부동산

• "더 넉넉한 공간을 가지면 어떤 이점이 있습니까?"

• "더 큰 주택을 구입하는 것이 고객님의 미래 계획과 어떤 관련이 있습니까?"

물론 계속해서 이와 관련된 예를 들 수 있지만, 이 정도만으로도 모든 업종의 영업에 잘 적용될 수 있다는 점을 충분히 보여줬으리라 생각한다. 이런 질문을 던질 때는 단순히 표면에 드러난 이슈가 아닌 깊이 숨어 있는 감정에서 나오는 진실한 대답을 들어야 한다. 예를 들어 당신이 "렉서스 자동차를 왜 구입하려고 하십니까?"라고 질문하면, "멋진 차를 갖고 싶어서요."라는 대답보다는 "성능과 안전성을 동시에 고려하면 가족도 배려하고 저도 좋기 때문입니다."라는 대답을 듣게 될 것이다. 대답이 진심에 가까울수록 고객의 니즈를 진정으로 충족하는 데 도움이 되며 당신은 이로 인해 평생 고객을 만들 수도 있다.

하지만 모든 고객이 처음부터 본심을 말하지는 않는다. 충분히 신뢰가 쌓이지 않았다면 더더욱 그럴 것이다. 그러므로 고객이 찾는 진정한 혜택을 발견했다는 증거가 되는 '반짝거리는 눈빛'을 볼 때까지 계속 질문을 던져라.

'전환하기'와 '드러내고 반영하기' 모델을 따르면서, 고객의 정보를 드러내거나 발견한 다음에는 그것을 고객에 맞게 바꾸어서 말하라. 고객이 말하는 것을 듣고 반영하여 확인한 다음 당신과 고객 모두가 동일한 생각을 갖고 있다는 것에 구두로 합의를 이루거나 고객이 고개를 끄덕이는 반응을 얻어내기 전까지는 TBOP의 다음 부분으로 넘어가서는 안 된다.

이 과정의 뒷부분에서는 '3포인트 플레이_three-point play_'라고 부르는 것을 활용해 당신의 상품이나 서비스의 혜택에 대해 어떻게 효과적인 이야기를 만들 것인지 보여줄 것이다. 이 과정을 끝내고 나면, 다시 이

섹션으로 돌아와 상품이나 서비스의 혜택과 관련된 발견 질문에 대해 생각하면 된다.

## 3_ TBOP의 O: 장애물

합의를 이끌어내고 나면 TBOP 과정의 O 부분, 즉 고객이 목적을 달성하는 데 '장애obstacles'가 되는 것을 드러내고 반영하는 부분으로 넘어간다. 분명히 과거에 고객의 구매를 막거나 현재 구매를 방해하고 있는 잠재적 요소가 있을 것이다. 이런 장애물에는 돈 문제, 가족들 간의 선호 차이, 자신을 위해 좋은 것을 살 때의 죄책감 등이 있을 것이다.

그렇다면 공동의 노력으로 영업 성과를 이끌어내기 전에 고객의 구매 결정을 방해하는 요소를 파악하는 것이 왜 중요할까? 기본적으로 과거에 고객의 구매 결정을 방해했던 것이 무엇인지를 파악하고, 현재 시점에서 구매를 방해하는 장애물을 드러내야 한다. 이런 장애 요소가 드러나지 않는다면, 그들의 니즈에 상품이 효과적으로 충족하지 못하도록 저해하는 지뢰가 설치되어 있는 것과 같다. 장애 요소를 찾아내기 위해 던질 수 있는 질문은 다음과 같이 아주 간단하다.

- "과거에 OO을 구매할 때 방해했던 것은 무엇입니까?"
- "현재 OO을 구매하는 데 장애 요소는 무엇입니까?"

장애물을 드러내는 업종별 질문의 예는 다음과 같다.

- 정보 기술

- "과거에 우리 회사의 서버 구매를 막았던 요인은 무엇입니까?"
- "현재 고객님의 시스템을 업그레이드하는 것을 막는 요인은 무엇입니까?"


- 주택자금 대출

- "과거에 대출을 받지 않았던 이유는 무엇입니까?"
- "현재 새 집을 구매하는 것을 망설이는 이유는 무엇입니까?"


예를 들어 과거에 고객이 보험 상품에 가입하지 않았던 이유가 자신의 아내가 죽음에 대해 논의하는 것을 좋아하지 않아 보험에 대해 이야기하는 것을 불편하게 느꼈기 때문이라고 해보자. 이러한 정보는 결정적이다. 즉, "과거에 이 상품을 구매하는 것을 막았던 이유는 무엇입니까?"와 같은 간단한 질문은 결정적인 정보를 제공한다. 이 질문을 하지 않는다면 미팅에 그의 아내를 초대할 생각도 하지 못할 테고, 따라서 이 고객을 놓칠 수도 있다. 장애물을 파악하고 극복하기 위한 노력은 고객과 함께 다양한 접근법과 해결책을 모색하도록 해준다. 장애물이 무엇인지 모른다는 것은 지뢰밭에 서서 성공하기를 바라는 것과 같다.

다시 한 번 말하지만, TBOP 모델의 '드러내고 반영하기'를 활용해 TBOP 공식의 'P' 부분, 즉 '계획' 단계로 넘어가기 전에 당신은 장애물과 관련된 고객의 말을 확인하고 재정리하기 위해 잠깐 말을 멈춰야 한다. 앞의 예에서 당신은 "제가 올바로 이해했다면 아내분께서 그 주제에 대해 논의하는 걸 싫어하셨고, 보험에 대해 아내분께서 받아들이기 전에 결정을 내린다는 점이 불편하셨다는 말씀이시죠? 맞습니까?'라고 말할 수도 있다. 당신이 장애물을 이해했다는 것을 고객이 인정하면, 극복할 수 있는 전략도 함께 짤 수 있다.

## 4_ TBOP의 P: 계획

TBOP 과정의 네 번째 부분은 고객의 '계획'에 대해 질문하는 것이다. '드러내고 반영하기'를 활용해 고객의 과거와 현재 구매 계획을 모두 드러내는 것이다. 코칭 질문의 예시는 다음과 같다.

- "OO을 찾기 위해 지금까지 무엇을 하셨습니까?"
- "현재 OO에 대해 어떤 구매 계획을 갖고 계십니까?"

고객의 과거와 현재 계획을 이해하고 고객이 경쟁사와 비교해서 상품이나 서비스에 대한 계획을 세울 필요가 있는지를 파악하면 당신은 그 고객이 얼마나 심각하게 구매를 고려하고 있는지를 알 수 있다. 그와 더불어 고객과 함께 효율적으로 일하는 데 도움이 될 수 있는 추가적인 정보를 발견할 수도 있다. 이러한 정보가 없다면 기술이 부족해서가 아니라 결정적인 정보를 파악하지 못함으로써 계약을 성사시키지 못할 수도 있다. 고객의 계획을 파악하는 일부 업종의 예를 보자.

- "거래 은행을 찾는 데 있어서 지금까지 어떻게 하셨습니까?"

- "금융 서비스에 대한 고객님의 특별한 니즈를 충족하기 위한 현재의 계획은 무엇입니까?"


- 코칭 및 훈련

- "코치를 찾을 때 어떻게 하셨습니까?"

- "팀원의 갈등 조정 훈련에 대해 어떤 계획을 갖고 계십니까?"


고객과 과거 구매 계획을 논할 때 얻을 수 있는 또 다른 혜택은, 그 고객이 구매 결정을 하는 데 도움이 되지 않았던 방법이나 실수를 되풀이하지 않아도 된다는 것이다. 고객과 가능한 해결책에 대해 10분이나 이야기했는데 고객이 그 이전에 이미 들어보았다면서 거절한다면 얼마나 당황스럽겠는가? 과거 및 현재 계획을 안다는 것은 대화가 더 효율적으로 이루어지고, 고객 니즈를 정확히 충족해줄 수 있다는 뜻이다. TBOP 과정의 다른 과정과 이 책의 나머지 부분도 마찬가지지만 이러한 코칭 질문들은 어떤 산업 분야나 상황에서도 고객으로부터 유용한 정보를 알아낼 수 있게 해주며, 프레젠테이션과 상담을 효과적이고 적절하게 진행할 수 있게 도와준다.

## 5_ TBOP 요약

그러면 TBOP 과정을 요약해보자.

- TBOP의 목적은 고객의 니즈와 관점을 완벽히 파악하기 위함이다.
- 그 과정은 다음 네 가지 단계를 활용하여 고객의 관점을 드러내기, 귀 기울여 듣기, 반영하기로 구성된다.

- **전환하기**(T): 자신감, 기꺼운 마음, 준비되었음을 표현하는 것으로 시작해 목적에 대해 질문하고, 목적에 대해 구두로 합의한 후 끝낸다.
- **이득**(B): 고객이 구매했을 때 얻을 수 있는 이득을 선명하고 강력하게 드러내고 반영한다.
- **장애물**(O): 구매를 하는 데 장애가 되는 요인을 드러내고 반영한다.
- **계획**(P): 과거의 구매 시도 및 현재 구매 계획을 모두 드러내고 반영한다.

TBOP 과정을 완성하고 나면, 코칭 대화의 '논의' 단계로 넘어간 다음 궁극적으로는 '결정' 단계에 이를 수 있다. 그렇다면 TBOP 과정은 얼마나 중요한 것일까? 다음의 간단한 실례를 통해 이 과정을 따르지 않을 때 어떤 위험이 있는지 알아보자.

마크Mark는 거의 15년 동안 알고 지낸 친구다. 어느 날 나는 이 친구와 시간을 보내던 중에 그에게 요즘 무엇을 하고 있느냐고 물었다. 마크는 지금 1억 5천만 달러 가치가 있는 대규모 401k 롤오버rollover, 금융기관이 만기된 부채 상환을 연기해주는 조치와 관련된 일을 한다고 했다.

그러고는 그 프로젝트에 활용하려고 계획 중인 상품에 대해 언급했다. 우연히도 그 상품은 우리 경쟁 회사의 상품이었다. 운 좋게도 나는 마크를 만나기 직전에 참석한 회의에서 우리 회사의 상품이 그 경쟁사의 상품에 비해 훨씬 성과가 좋다는 정보를 들어서 알고 있었다. 나는 마크에게 그 정보를 이야기하고 혹시 우리 회사의 상품을 고려해 보겠느냐고 물었다. 영업인으로서 구매를 권한 것은 절대 아니었다. 우리는 그저 지나가는 대화로 그 프로젝트와 상품에 대해 의논했을 뿐이었다.

그러나 그 대화는 우리 회사에 2천 5백만 달러짜리 주문서가 들어오게 해주었다. 내가 한 일이라고는 마크에게 요즘 뭐하냐고 물었던 것뿐이었다일종의 비공식적 TBOP이다. 놀라운 일이지만, 그 상품을 팔려고 했던 영업인은 비즈니스 우선사항에 대해 마크에게 한 번도 물어보지 않았다. 영업인에게 요즘 하고 있는 일에 대해 말하는 것은 마크의 책임이 아니다. 영업인은 반드시 적절한 질문을 해야 한다. 경쟁사의 영업인이 TBOP 과정을 따랐다면 그 거래에 영향력을 행사했을 것이다. 그 과정을 따르지 않았기 때문에 경쟁사는 2천 5백만 달러를 잃었다.


## 코칭 도구: TEAM


다음으로 넘어가기에 앞서 당신이 활용할 수 있는 중요한 도구 하나를 소개한다. 우리는 3D 코칭 영업 모델의 각 단계에서 아주 유용하다고 생각하는 코칭 도구를 하나씩 소개할 것이다. 이 모델의 '발견' 단계에서 코칭 무기로 가장 중요한 것 중 하나가 바로 'TEAM'이다.

당신은 표준화된 사양의 상품이나 서비스를 팔지라도 혜택은 고객의 니즈에 따라 각각 다르게 맞춰야 한다. 당신이 누군가에게 자동차를 팔려 한다고 가정해보자. 어떤 특징을 강조해야 할지 어떻게 알 수 있겠는가? 물론 당신은 '발견' 질문을 통해 정확한 정보를 얻을 수 있을 것이다. 하지만 무엇을 강조해야 할지에 대해서는 어떤 정보를 토대로 결정할 수 있을까?

예를 들어, 어떤 고객은 가족을 위해 자동차의 안전성에 대해 더 많은 이야기를 듣고 싶어하고, 어떤 고객은 자동차의 효율성이나 연구 결과에 대해, 또 누군가는 자동차에 사용된 최신 기술에 대해 듣고 싶어할 것이다. 이런 경우 개인의 행동 유형을 보면 어떤 주제에 논의를 집중해야 할지에 대해 많은 것을 얻을 수 있다. TEAM은 이러한 고객의 행동 유형과 선호 유형을 파악하는 과정이다. 사람들은 자신과 비슷한 유형의 사람들과 함께 할 때 편안함을 느낀다. 이것은 외국으로 여행을 가는 것과 같다. 그 나라 말을 할 줄 안다면 당연히 그 나라 말을 하면서 여행을 하지 않겠는가? 이것은 기본 상식이다.

하지만 그 나라 말을 하기 위해 반드시 그 나라 출신일 필요는 없다. 때때로 우리의 행동 유형은 우리의 의사소통 방식을 알려준다. 속도와 집중을 예로 들어보자. 어떤 사람들은 아주 빠르고 추진력이 있다. 이런 사람들은 주도적이고 참을성이 부족하며 말이 빠른 경향이 있다. 반면 많이 주저하지만 꼼꼼한 사람들이 있다. 이들은 수동적이고 내성적이며 신중하게 말한다.

이것은 어느 쪽이 낫다거나 못하다는 것을 말하는 것이 아니다. 이들은 그저 속도와 표현이 다를 뿐이다. 그리고 집중력에서도 차이가 나타난다. 어떤 사람들은 아주 논리적이고 해야 할 일에 집중하지만, 어떤 사람들은 사람이나 관계에 더 집중한다. 다시 한 번 강조하지만 어느 쪽이 더 나은 것은 없다. 세상에는 두 부류 사람들이 모두 필요하다. 흥미롭게도, 이 두 부류의 사람들을 합치면 아래와 같이 네 가지 유형으로 나눌 수 있다.

| 구분 | 질서정연 - 주저 | 추진력 - 주도 |
| --- | --- | --- |
| 사람/관계 지향 | 사교형 | 동기부여형 |
| 논리/업무 지향 | 분석가형 | 기업가형 |

그럼 각 유형에 대해 좀 더 상세히 알아보자.

## 1_ 사교형

사교형은 인생에서 사람이나 관계의 안정성을 추구하고, 그것을 위해 다른 사람과 협력한다. 침착하고, 위협적이지 않으며, 차분하다. 대화를 할 때는 상대를 존중하고, 잘 호응하며, 상대의 말에 귀를 기울인다. 이런 사람들은 팀플레이가 뛰어나며 다른 사람이 필요로 하는 것을 찾아준다. 변화와 갈등을 좋아하지 않는 경향이 있고, 지나치게 밀어붙이는 영업인을 싫어한다. 불행히도, 이들은 자신이 필요로 하는 것에 적극적이지 않은 경우가 많다. 이런 사람들이 고객인 경우 그냥 연락을 끊고 이유를 절대 말해주지 않기도 한다. 사교형 고객에게 미니밴을 팔고 싶다면 가족과 미니밴을 타고 안전한 여행을 떠날 수 있으며 가족과의 관계가 추억으로 남을 것이라는 점을 강조하는 게 효과적이다. 당신이 네트워크 마케팅 영업인이라면, 자택에서 비즈니스를 운영할 수 있어서 가족과의 상호작용이 원활하고 가족과 많은 시간을 보낼 수 있다는 점에 집중하면 좋을 것이다.

## 2_ 기업가형

기업가형은 삶의 과제를 극복함으로써 구체적인 결과를 얻고 싶어하며, 행동으로 즉각 결과를 달성하려 한다. 이들은 솔직하고, 직설적이며, 자신감에 차 있는 경향이 있다. 이런 유형은 대화를 할 때 상대와 논쟁하는 것을 좋아하고, 퉁명스러우며, 상대의 말을 방해하는 경우가 많다. 이들은 결단력이 강하고 위험을 무릅쓰는 것을 즐긴다. 허약함을 싫어하고 사람들이 자신을 통제하는 것을 좋아하지 않으며 자신감이 부족한 영업인을 존중하지 않는다. 영업인이 자신을 이용한다고 느끼면, 이들은 버럭 화를 낼 것이다. 기업가 유형에게 미니밴을 팔기 위해서는 넓은 공간 때문에 일행 모두를 태울 수 있어서 자동차 여러 대가 한꺼번에 움직일 필요가 없고 따라서 목적지에 더 빨리 도착하리라는 것을 강조하면 좋다. 네트워크 마케팅 분야라면, 자신만의 비즈니스로 자신의 성공을 직접 통제할 수 있다는 것을 강조한다.

## 3_ 분석가형

  분석가형은 높은 기준의 정확성을 성취하고 싶어하며, 이를 위해 규칙에 따라 '올바른' 방식으로 일한다. 내성적이고, 세심하며, 때로는 완고하다. 대화를 할 때는 신중하고, 망설임이 많으며, 집중한다. 이들은 경계심이 많고, 정확한 것을 좋아하며, 외교적이다. 애매모호하거나 확실하지 않은 것을 싫어하며 자신이 원하는 상품이나 서비스에 전문 지식이 없는 영업인을 별로 좋아하지 않는다. 불행히도 이들의 사고방식에는 흑백논리의 성향이 있으므로 연대감을 빨리 맺기가 어려울 수 있다. 분석형에게 미니밴을 팔 때는 해당 모델을 택하면 기름값을 얼마나 절약할 수 있는지, 그리고 일행을 모두 한 차에 태울 수 있으므로 집합 시간에 늦는 사람이 없을 것임을 강조하면 좋다. 네트워크 마케팅 분야라면 자택을 회사로 활용하기 위해 개발된 시스템과 프로세스가 많아 비즈니스 성공 가능성이 높다는 것을 강조한다.

## 4_ 동기부여형

  동기부여형은 다른 사람에게 영향을 주고 동기를 부여해줌으로써 인정과 성공을 얻고 싶어 하며, 활력과 설득력으로 이를 성취하려 한다. 이들은 열정적이고, 활기 넘치며, 장난기가 많은 경향이 있다. 대화할 때는 융통성이 많고, 표정이 풍부하며, 집중력이 떨어진다. 사람을 끄는 매력이 있고 사고방식이 자유롭다. 이들은 거부와 부정을 두려워하는 경향이 있으며 따분한 프레젠테이션을 하는 영업인을 좋아하지 않는다.

불행히도, 당신이 이 세상에서 최고의 상품을 보유하고 있다 하더라도 그것을 설명할 때 당신에게 에너지가 없다면, 동기부여형 고객과는 계약을 성사할 수 없을 것이다. 동기부여형에게 미니밴을 팔기 위해서는 옵션으로 딸려 있는 DVD를 장착해 여행 내내 팝콘과 콜라, 좋은 영화를 즐길 수 있음을 강조하는 것이 좋다. 네트워크 마케팅 분야라면, 매년 열리는 콘퍼런스에서 사람들의 인정을 받을 수 있고, 개인 회사의 경영자로 최고의 위치에 설 수 있다고 하면 좋아할 것이다.

다시 한 번 말하지만, 네 가지 유형 중 어느 것이 옳고 어느 것이 잘못되었다는 것은 아니다. 각각의 유형은 모두 장단점이 있다. 사람들은 대개 서로 다른 유형이 혼합되어 있다. 중요한 것은 당신이 어느 유형을 선호하는 것이 아니라, 고객의 유형에 적응해야 한다는 것이다. 동기부여형 영업인이 분석가형의 고객에게 프레젠테이션을 한다고 상상해보자. 동기부여형 영업인은 열정, 우호적인 감정, 에너지를 보여주면 동기부여형 고객의 마음을 끌 수 있겠지만, 분석가형 고객에게는 거부감을 줄 뿐이다. 기업가형이 사교형 고객을 강하게 몰아붙일 때도 마찬가지다. 사교형 고객은 불편함을 느끼고 입을 꾹 다물어버릴 것이다.

가장 효율적인 코치는 각각의 유형이 사람들의 내면에 조금씩 있다는 것을 인식하고 자신이 대하는 고객의 유형을 끌어내는 방법을 배운다. 이런 유형만 가지고도 책 한 권을 쓸 수 있고 하루 온종일 걸리는 훈런 프로그램을 짤 수도 있으므로 여기서 모든 것을 다룰 수는 없다. 다만 명심해야 할 몇 가지 팁을 아래에 제시한다.

## 5_ 자신의 유형 알아보기

영업인은 각자의 유형에 따라 다음과 같은 도전에 직면할 수 있다.

- T(사교형): 너무 간접적이거나 미온적으로 보일 수 있다.
- E(기업가형): 강제적이고 무신경하거나 혹은 참을성이 없는 사람으로 보일 수 있다.
- A(분석가형): 너무 냉담하거나 지나치게 꼼꼼한 사람으로 비칠 수 있다.
- M(동기부여형): 꼼꼼하지 않거나 열정만 있고 말만 앞서는 영업인으로 보일 수 있다.

이는 영업인이 파악해야 할 자기 자신에 대한 중요한 통찰이다. 고객들이 영업인을 인지하는 방식이 이러기를 바라는가? 그렇지 않다면, 자신의 유형이 아닌 고객의 유형에 집중해야 한다. 다음과 같이 우리가 제시한 질문으로 돌아가보면 고객의 유형을 간략하나마 짐작할 수 있을 것이다.

- '이 사람은 민첩한가/충동적인가' 또는 '주저하는가/질서정연한가'
- '이 사람은 업무/논리에 더 집중하는가 아니면 사람에 더 집중하는가?

이 두 가지 질문에 대답할 수 있다면 고객의 유형을 대략적으로 짐작할 수 있다. 또한 TBOP를 효과적으로 사용한다면 고객의 유형도 알아차릴 수 있다. 고객들이 질문에 대답하는 방식과 강조하는 것을 살펴보면 당신이 알고 싶은 모든 것이 드러난다.

## 6_ 서로 다른 유형의 고객을 다루는 팁

서로 다른 유형의 고객들을 다루는 몇 가지 팁을 간단히 정리하면 다음과 같다.

사교형 고객

| 해야 할 것 | 하지 말아야 할 것 |
| --- | --- |
| - 배려심을 보인다.<br>- 전 과정에서 한 단계 한 단계 차근차근 밟아나 가는 방식을 쓴다.<br>- 새로운 아이디어에 대해 천천히 소개한다.<br>- 고객이 우려하는 바를 귀 기울여 듣는다.<br>- 고객의 느낌에 민감하게 반응한다. | - 결정을 내리라고 밀어붙이지 마라.<br>- 너무 빨리 말하지 마라.<br>- 개인적인 연관성보다 업무에 집중하지 마라.<br>- 고객을 무시하는 듯한 감정을 드러내지 마라. |

기업가형 고객

| 해야 할 것 | 하지 말아야 할 것 |
| --- | --- |
| - 존중하는 태도를 보인다.<br>- 간결하게 말한다.<br>- 새로운 아이디어를 자신감 있게 소개한다.<br>- 결과에 집중한다.<br>- 가능한 한 고객이 주도하는 상황을 만든다. | - 고객을 긴장하는 모습을 보이시 마라.<br>- 약한 모습을 보이지 마라.<br>- 논쟁이나 경쟁의 유혹에 빠지지 마라.<br>- 고객의 시간을 너무 빼앗거나 감성에 집중하지 마라. |

분석가형 고객

| 해야 할 것 | 하지 말아야 할 것 |
|---|---|
| - 세세한 것에 집중한다.<br>- 전 과정을 꼼꼼하고 분석적으로 진행한다.<br>- 새 아이디어를 소개할 때 이미 입증된 방식과 비교한다.<br>- 사실을 확인한다.<br>- 고객의 전문 지식을 존중한다. | - 당신의 인성을 호소하며 판매를 시도하지 마라.<br>- 산만한 프레젠테이션을 하지 마라.<br>- 결정하라고 밀어붙이지 마라.<br>- 제대로 정리되지 않은 자료를 사용하지 마라. |

동기부여형 고객

| 해야 할 것 | 하지 말아야 할 것 |
|---|---|
| - 열정을 보인다.<br>- 전 과정을 활력이 넘치고 빠르게 진행한다.<br>- 긍정적이고 유쾌한 태도를 유지한다.<br>- 융통성을 보여준다.<br>- 고객이 미래를 그려볼 수 있게 돕는다. | - 세세한 사항을 너무 많이 늘어놓지 마라.<br>- 지루하게 만들지 마라.<br>- 지나치게 업무 지향적으로 나가지 마라.<br>- 어떤 형태로든 거부감을 표시하지 마라. |

위에 소개한 내용은 다양한 행동 유형의 고객들과 상호작용을 할 때 인식해야 할 일반적인 원칙이다. 고객의 유형을 이해하지 못한 채 그들과 상호작용을 한다는 것은 무딘 도끼로 나무를 베려는 것과 같다. 그러나 당신이 말의 속도와 목소리의 높낮이, 강조사항 등을 바꿔가면서 고객 유형에 적응한다면, 무딘 도끼를 날카롭게 다듬어 힘을 덜 들이면서 더욱 효과적으로 나무를 베는 것과 같다. 고객의 유형을 알아내고 TBOP 과정을 따르는 것까지 끝냈다면 3D 코칭 모델의 다음 단계로 넘어갈 준비가 된 것이다.

# 3D 코칭 모델의 다음 단계로 넘어가기: '논의' 단계

자동차가 효과적이고 효율적으로 달리기 위해서는 윤활유가 필요하다. 기어에서 삐걱거리는 소리가 나면 등골이 오싹해진다. 윤활유가 당신의 자동차 기어에 중요한 역할을 하듯이 대화에서는 단절이 없는 자연스러운 흐름이 필요하다. 흐름이 자연스럽지 않으면 대화는 삐걱거리며 중단될 수 있다. 무난한 흐름은 어색함 없이 대화를 자유롭게 흘러가게 만든다.

코칭 영업에서 3D 코칭 모델의 흐름을 자연스럽게 만드는 것은 반복적인 점검이다. 그 목적은 고객의 관점과 동기를 충분히 이해했는지, 대화를 진행하기 전의 논의에 대해 협력 관계를 형성할 수 있는지를 확인하기 위해서이다. 다음은 이에 대한 한 가지 예가 될 수 있다.

"제가 고객님을 제대로 이해했다면, 고객님께서는 OO을 원한다는 말씀이신데요(목표 말하기), 이 상품이 고객님께 OO을 주기 때문인 것 같습니다(혜택 말하기). 그런데 과거에는 OO 때문에 구매를 망설이셨고요(장애물 말하기). 그리고 고객님은 OO을 해오신 것 같습니다(계획 말하기). 맞습니까?(동의 구하기) 좋습니다. 이제 제가 하려는 것은 고객님의 생각에 제 아이디어를 더해 좋은 해결책을 찾기 위해 협력할 수 있는지를 보려는 것입니다. 이에 대해 지금 마음이 얼마나 열리셨습니까?"

만약 고객이 '논의' 단계로 넘어가는 데 주저한다면 처음으로 다시 돌아가야 한다. 예를 들면, "제가 앞서 말씀하신 부분에서 분명 놓친 것이 있는 듯한데, 제가 제대로 이해할 수 있도록 좀 도와주십시오. 지금 찾고 계신 것이 정확히 무엇입니까?"라고 말할 수도 있다. 그리고 대화에서 놓친 부분을 발견하기 위해 또는 고객이 현재 상품이나 서비스 구매를 논할 입장에 있는지를 판단하기 위해 TBOP 과정을 다시 밟으면 된다.

이때 취할 수 있는 또 다른 기법으로는, 당신이 다른 고객들의 구매 결정을 도와주었다는 것을 보여주기 위해 기존 고객의 이야기를 덧붙이는 것이 있다. 과거에도 영업인들은 이 기법을 사용해왔다. 그렇다고 해서 우리가 속임수를 지지하는 것은 절대 아니다! 오히려 우리 저자들이 이른바 '시류편승 효과bandwagon effect'라는 기법을 사용하라는 것은 단지 고객이나 고객이 좀 더 편안함을 느끼도록 도와줄 때 사용하라는 뜻이다.

실제로 대부분의 사람들은 다른 사람들이 구매한 것을 사려는 경향이 있다. 사람들은 자신이 현명한 결정을 내리고 있는지를 알고 싶어한다. 그런데 당신의 상품을 사는 사람들이 아무도 없다면 이 재품을 구매하는 것이 현명한 결정인지 의심하게 된다. 사람들은 안도감을 원한다. 어떤 껌을 치과의사 다섯 명 중 네 명이 추천한다든지, 신차 판매량 중 25퍼센트가 특정 브랜드의 자동차라는 것을 알면 사고 싶어진다. 시류 편승 효과는 구매를 해도 괜찮다는 것을 알려주는 것과 같다. 그러므로 사람들을 더욱 안심시키기 위해 다른 사람들의 이름이나 전화번호를 알려주는 데 주저하지 마라.

이 장을 끝내면서 TBOP 과정을 완성시키기 위한 몇 가지 실행 과제를 제시한다. 그리고 자신의 유형을 평가할 수 있는 실행 과제도 포함했다. 자신의 TEAM 유형을 판단하고 더욱 유능한 영업인이 되기 위해 적용하는 방법을 익혀보기 바란다.

## 실행 과제 1  우리 업종에 맞는 TBOP 창출하기

3장 전체를 통해 우리는 몇몇 산업에 구체적으로 해당되는 질문과 일반적인 질문을 제시했다. TBOP 과정을 숙지하는 가장 효과적인 방법 중 하나는 우리 직책과 업종에서 구체적으로 사용할 수 있는 질문을 만들어보는 것이다. 아래의 TBOP 단계를 거치면서 미래에 사용할 수 있는 질문들을 만들어보라. 하다가 뭔가 문제를 느끼면 앞으로 다시 돌아가면 된다.

### •전환하기(Transitional Opener)

자신감과 자발적 의사, 준비성을 표현하고 고객의 목표에 대해 질문하는 문장을 만들어라. 이 목표에 동의하는 문장으로 끝내라. 이것을 만들기 위해서는 최근에 다룬 상담 내용을 상기해야 할 것이다.

### •혜택(Benefits)

다음의 질문들을 통해 우리 상품이나 서비스를 임의로 사용할 수 있는 일반적인 질문으로 바꿔라.

| | |
|---|---|
| "OO을 가지는 것이 고객님께 무엇을 해줄 수 있을까요?" | |
| "OO와 고객님이 바라는 유형의 관계를 맺을 수도 있다면 이 점이 고객님 인생 계획에 어떤 도움이 될 것 같습니까?" | |
| "OO을 구매하는 것이 고객님께 어떤 혜택이 있습니까?" | |
| OO의 소유에 대한 고객님의 미래 계획은 무엇입니까? | |
| OO을 구매하는 것이 우리의 계획과 어떻게 맞아 떨어집니까? | |
| "OO을 구매하기 위해 무엇에 의지하십니까?" | |
| "OO을 구매하고자 하는 주된 이유는 무엇입니까?" | |

## •장애물(Obstacles)

아래에 있는 두 가지 일반적인 질문을 당신의 상품이나 서비스에 적용할 수 있도록 확장하거나 향상해보라.

✓ 일반 버전: "과거에 구매를 막은 요인은 무엇입니까?"

✓ 개인 버전: ___________________________

✓ 일반 버전: "현재 OO의 구매를 막는 요인은 무엇입니까?"

✓ 개인 버전: ___________________________

•**계획**(Plans)

TBOP 과정의 계획 부분과 똑같이 해보라. 이 부분은 쉬워 보이겠지만 개념을 마스터할 수 있도록 반복하는 것이라는 점을 기억하라.

✓ 일반 버전: "○○을 찾기 위해 지금까지 무엇을 하셨습니까?"

✓ 개인 버전: _______________________________________

✓ 일반 버전: "○○을 얻기 위한 현재의 계획은 무엇입니까?"

✓ 개인 버전: _______________________________________

**실행 과제 2** 다음 단계로 넘어가기 위한 자연스러운 흐름 만들기

3D 코칭 모델의 논의 단계로 자연스럽게 옮아가기 위해 샘플을 만들어보라. 이 과제를 할 때 더 완벽하게 빈칸을 채우기 위해서는 최근의 영업 상황을 생각할 필요가 있다. 자연스러운 흐름은 대화를 원활하게 하고 앞으로 나아가게 한다는 사실을 기억하라. 최근 고객과 나누었던 영업 대화를 떠올려보고 빈 칸을 채워보라.

✓ "제가 바르게 이해했다면 고객님은 ＿＿을 원하신다는 말씀인데요." (목표 말하기)

✓ "이 상품이 고객님에게 ＿＿을 주기 때문입니다." (혜택 말하기)

✓ "그런데 과거에는 ＿＿ 때문에 구매하지 않았다는 것이고요." (장애물 말하기)

✓ ___을 해왔다면.” (계획 말하기)

✓ “맞습니까?(동의 얻기) 좋습니다. 그렇다면 이제 제가 하고자 하는 것은 저희가

_______________________” (‘고객님을 위한 좋은 해결책을 위해 협력한다면’과 같은 의

도로 말하기)

✓ “_______________________” (논의를 계속 진행해도 될지 고객의 허락 구하기)


**실행 과제3** 자신의 TEAM 유형 알아보기

자신의 팀 유형에 대한 알아보기 위해 다음의 테스트를 한번 해보라.


• 연습: 당신의 TEAM 유형

당신의 TEAM 유형을 이해하기 위해 다음과 같은 평가를 실행하라.


• 지시사항

1. A부터 D까지 각각 문자에 해당하는 문항을 읽는다.

2. 자신을 가장 잘 표현하는 문구 옆에 ‘4’를 쓰고, 두번째로 자신을 잘 표현하는 문구 옆에 ‘3’을 쓴다….

3. 한 그룹에 4, 3, 2, 1이 한 개씩 들어가도록 한다.

4. 모든 그룹을 다 마치면 A의 합계, B의 합계, C의 합계, D의 합계를 계산하여 질문지 하단에 쓴다.

5. 4개 알파벳 점수를 다 합친 당신의 총 점수는 120이 되어야 한다.

적음　　　1　　　2　　　3　　　4　　　많음

a. ___ 친구에게 진실한

b. ___ 혁신적인

c. ___ 사물에 대해 깊이 사고하는

d. ___ 활기찬(에너지 넘치는)


a. ___ 이해심 많은

b. ___ 책임지는

c. ___ 정확한

d. ___ 성취하는 사람


a. ___ 배려심 많은

b. ___ 대담한

c. ___ 모든 정보를 알고 싶어 하는

d. ___ 잘 웃는/위트 있는


a. ___ 베푸는

b. ___ 본인의 일을 하는

c. ___ 신중한, 심사숙고하는

d. ___ 자신의 생각을 또렷이 말하는

a. ___ 지시사항대로 행동하는

b. ___ 위험을 감수하는

c. ___ 정확한 일을 원하는

d. ___ 설득력 있는


a. ___ 사람들에게 관심이 많은

b. ___ 포기하지 않는

c. ___ 겸손한

d. ___ 무리를 이끄는


a. ___ 경청하며 차분한

b. ___ 이기고 싶어 하는

c. ___ 신중하고 조심스러운

d. ___ 열정적인


a. ___ 대중을 따르는

b. ___ 강한 성격

c. ___ 믿을 수 있는

d. ___ 재미있는


a. ___ 감정을 숨기는

b. ___ 용기 있고 두려워하지 않는

c. ___ 높은 기준을 가지고 있는

d. ___ 말하기 좋아하는


a. ___ 평지풍파를 일으키지 않는

b. ___ 당당하게 거리낌없이 말하는

c. ___ 규칙에 따르는

d. ___ 다른 사람을 참여시키는


a. ___ 다른 사람들에게 친절한

b. ___ 결단력 있는

c. ___ 명령하기 좋아하는

d. ___ 외향적인


a. ___ 다른 사람들이 관여하는 것을 좋아하는

b. ___ 결과를 내도록 하는 / 결과 지향적인

c. ___ 결정하기 어려워하는

d. ___ 낙천적인


합계: a=___    b=___    c=___    d=___


당신의 A, B, C, D 점수를 옮기고 상응하는 그래프 라인에 점을 그려라.
그런 다음 당신의 개인 프로필 그래프를 만들기 위해 점을 연결하라.

48 ____________________________________________
47 ____________________________________________
46 ____________________________________________
45 ____________________________________________
44 ____________________________________________
43 ____________________________________________
42 ____________________________________________
41 ____________________________________________
40 ____________________________________________
39 ____________________________________________
38 ____________________________________________
37 ____________________________________________
36 ____________________________________________
35 ____________________________________________
34 ____________________________________________
33 ____________________________________________
32 ____________________________________________
31 ____________________________________________
30 ____________________________________________
29 ____________________________________________
28 ____________________________________________
27 ____________________________________________
26 ____________________________________________
25 ____________________________________________
24 ____________________________________________
23 ____________________________________________
22 ____________________________________________
21 ____________________________________________
20 ____________________________________________
19 ____________________________________________
18 ____________________________________________
17 ____________________________________________
16 ____________________________________________
15 ____________________________________________
14 ____________________________________________
13 ____________________________________________
12 ____________________________________________

사교형      기업가형      분석가형      동기부여형


합계: a = ____      b = ____      c = ____      d = ____

 자신의 스타일 바꾸기

　그렇다면 고객의 유형에 따라 자신의 스타일을 어떻게 바꾸어야 할까? 이에 대한 판단을 내릴 수 있게 다음 차트를 이용하여 모든 유형의 고객들에게 효과적으로 대응하는 데 도움이 되는 방법을 생각해보라.

| 고객 유형 | 이 유형의 고객과 최고의 연결고리를 만들기 위해서는 어떤 부분을 줄여야 하는가? | 이 유형의 고객과 관계를 향상하기 위해 더 강조해야 하는 행동은 무엇인가? | 이 고객과 최고의 연결고리를 만드는 데 도움이 되는 단어는 무엇인가? |
|---|---|---|---|
| 사교형 | | | |
| 기업가형 | | | |
| 분석가형 | | | |
| 동기부여형 | | | |

# 코칭 모델 2단계:
# 논의(Discuss)

―――・・・―――

"충고는 눈과 같아서,
부드럽게 내릴수록 오래가고 땅에 더 깊이 스며든다."
: 새뮤얼 테일러 코울리지(Samuel Taylor Coleridge)

"충고를 원하는 사람은 아무도 없다. 확인을 원할 뿐이다."
: 존 스타인벡(John Steinbeck),
《불만의 겨울(The Winter of Discountent)》 중에서

## │ 개요 │

일단 고객의 목적과 그 목적을 성취하기 위해 얻게 되는 혜택, 장애물, 과거나 현재의 구매 계획 등을 발견했다면 이제는 진정으로 상호작용을 해야 할 때이다. 이 시점이 되면 컨설팅 영업 스타일에 능한 영업인들도 종종 무너져 컨설팅 영업의 진정한 정신을 잃어버린다. 최초의 정보를 얻은 후에 영업인과 고객 사이에 상호작용을 하며 논의하는 모습은 사라지고, 물건이나 서비스를 팔기 위해 강매를 하는 경우가 너무나 많다. 더 나쁘게는 종종 고객에게 여러 가지 수많은 혜택을 던져주듯이 언급하며, 이 혜택 중 고객의 니즈에 맞는 것이 하나라도 있을 것이라는 희망에 '무차별 난사식' 판매를 시도하기도 한다.

3D 코칭 대화의 '논의' 단계에서는 잠재고객이나 기존 고객과 상호작용하는 다른 방법, 즉 영업 과정을 공동으로 만들어가면서 상품이나 서비스의 혜택을 고객에게 분명히 설명하는 데 도움이 되는 방법을 보여줄 것이다. 대화를 할 때 이 부분에 대한 모델은 나누고, 중지하고, 동의share, pause, and agree하는 것으로 뒤에서 자세히 설명하겠다. 또한 고객이 전략을 짜고, 문제를 해결하고, 자신의 목적을 가로막는 것을 돌파할 수 있도록 코치가 도울 수 있는 방법에 대해서도 알아보겠다. 마지막으로, 코칭 도구로써 스토리보딩storyboarding을 활용해 고객의 난제를 해결하는 해결책을 맞춤형으로 만들어낼 수 있는 방법도 소개할 것이다.


## | 현장 경험 |


힐러리 클린턴이 1993~94년 헬스케어 개혁을 위한 시도에서 실패한 이유는 무엇일까? 사람마다 의견이 분분하겠지만 그중 하나는 힐러리 클린턴의 '판매' 능력과 관계가 있다. 클린턴의 헬스케어 플랜은 무려 1,431페이지짜리 문건으로 제출되었고, 그 문건의 문구는은 다음과 같았다.


- 지역 협력 헬스 플랜

- 보험료에 기반한 재정 계획

- 과도기적 보험 개혁

- COBRA와의 조정

- 보상 연장

이 표현들의 공통점은 무엇일까? 이 표현은 모두 클린턴 정부 시절 '헬스 시큐리티 액트Health Security Act'를 통과하는 데 사용되었는데, 대부분의 청중을 완전히 혼란스럽고 멍하게 만들어놓고 말았다. 물론 이 헬스 시큐리티 액트는 통과되지 못했다. 거기에는 여러 가지 이유가 있겠지만, 그중 한 가지는 이 안건을 판매하지 못했다는 사실이다. 혼란스러운 고객은 신뢰하지 않는다. 신뢰하지 않는 고객은 구매하지 않는다.

머리가 빙빙 돌 정도로 우리를 혼란스럽게 만드는 용어를 사용한 1,431장의 개혁안! 이렇게 혼란스러운 계획이 어떻게 먹힐 가능성이 있었겠는가? 물론 정부에서 하는 일이 대부분 그렇긴 하지만 말이다. 그렇다면 영업 분야에서는 어떨까?

몇 달 전, 래리라는 영업인이 나를 찾아온 적이 있었다. 래리는 한 진단 프로그램 관련 회사에서 일하고 있었고, 그들이 만든 리더십 진단 프로그램의 공급자가 되어달라고 나를 설득했다. 나는 래리와 만나기로 약속을 했고, 실제로 훌륭한 리더십 프로그램을 찾는 데 관심이 있었다. 그러나 래리가 이야기를 시작하자 흥미가 사라지고 말았다.

그는 15분 동안이나 혼자 떠들면서 그 프로그램을 사용하면 생기는 이득을 열두 가지쯤 이야기했다. 하지만 그 모두가 순서도 없었고 관련성도 없었다. 래리가 그 회사의 진단 프로그램에만 적용되는 낯선 용어를 끊임없이 사용하는 바람에 나는 그 이득 중 단 몇 가지, 그것도 부분적으로만 이해할 수 있었다. 당신의 이해를 돕기 위해서라도 여기서 그 이득에 대해 다시 이야기해보고 싶지만, 기억나지 않는다.

그는 애초에 내가 왜 그를 만나는 데 관심을 보였는지에 대해서는 한마디도 묻지 않았다. 그의 복잡하고 두서없는 독백은 나를 혼란스럽게 만들었다. 혼란스러운 고객은 영업인을 신뢰하지 않는다. 신뢰하지 않는 고객은 구매하지 않는다. 래리는 계약을 성사시키지 못하고 떠났다. 생각해보건대 그도 나만큼이나 자신의 프로그램에 대해 혼란을 느끼고 있었다.

## | 원칙 |

우리는 스스로에게 "얼마나 명료하고 간결하게, 고객과 관련된 방식으로 우리의 상품이나 서비스를 설명하는가?"라고 질문해야 한다. 또한 질문을 대화로 연결하는지 아니면 독백으로 빠지고 마는지도 물어봐야 한다. 이 장에서 우리는 고객과 당신이 상품을 명확하게 논의하고, 고객의 니즈에 부합하는 세 가지 혜택에 대해 설명하는 기술을 연마할 수 있도록 도와줄 것이다.

코치는 고객들이 그리고 영업인들은 고객들이 자신의 고통과 도전거리에 대한 해결책을 짤 수 있게 돕는다. 즉, 코치는 전략을 짜는 사람이 아니라 고객들이 자신의 문제를 스스로 해결할 수 있게 돕는 효과적인 렌

즈 역할을 하는 것이다. 영업인들이 이를 상담에 더 많이 적용하면 할수록 상황은 훨씬 나아진다. 고객이 자신의 도전거리에 대한 해결책을 더 많이 발견하면 할수록 영업과 구매 결정은 더욱 확실해진다.

하지만 기업과 개인들은 현실적으로 전문성과 지식을 필요로 하기 때문에 영업인들과 이야기를 나눈다. 따라서 상담을 하면서 고객이 원하는 정보를 제공하지 않는다는 것은 말도 안 된다. 예를 들어, 회사에 소속된 개인을 코칭할 때 우리는 고객들의 자기 발견을 돕기 위해 대부분의 시간을 순수하게 코칭 접근법으로 진행한다.

그러나 코칭을 위해 우리를 고용하는 문제와 관련해서 회사 대표와 이야기를 나눌 때는 그들이 직면하고 있는 문제의 해결책에 대한 우리의 생각과 전문성을 나누는 데 집중한다. 기본적으로 우리는 이 책에서 소개한 코칭 영업 모델을 따르는데, 이는 매우 효과적이다. 순수하게 코칭 모델만 고수한다면 그렇게 많은 기업들이 우리를 고용할지 의문이다. 기업들은 우리의 전문성을 듣고자 한다. 적절하게 정보를 모으고 고객의 말에 귀를 기울이고 이를 반영하며 우리가 그들과 완전히 같은 생각을 나누고 있는지 확인한 후에 전문성을 나누는 것이 우리의 비결이다.

우리가 이 장에서 제시하는 내용은 처음에는 그렇게까지 미묘하게 느껴지지 않을 수도 있다. '나는 이미 그렇게 하고 있어!'라는 생각이 든다면 자신의 생각에 한 번쯤 도전해보라고 권하고 싶다. 스스로에게 '이것이 내가 일반적으로 하는 방식과 얼마나 차이가 있는가?'와 같은 코칭 질문을 해보라. 이러한 태도를 확보하는 것이 이전의 신념 체계에 머물러 있는 것보다 훨씬 나은 보상을 안겨줄 것이다.

3D 코칭 모델의 '논의' 단계에서 일어나는 상호작용은 '공유하고, 중지하고, 동의하는share, pause, and agree' 것이다. 순수하게 코칭을 하는 상황에서는 이런 경우가 없지만, 영업 상황에서는 어느 순간 정보를 나누어야 한다. 우리의 코칭 모델과 이전의 컨설팅 영업 모델의 차이점이라면, 영업인의 해결책과 고객의 목적 사이에 있는 공유 단계에서 일어나는 상호작용 정도이다. 우리는 이를 3포인트 플레이3 point play라고 부른다.


## 3포인트 플레이


3포인트 플레이를 통해 우리는 고객의 니즈를 다룰 수 있는 해결책을 세 가지 간략한 포인트로 나눈다. 모든 코치와 영업인은 상품이나 서비스의 강점과 약점을 이해하는 것이 결정적이라는 사실을 잘 알고 있다. 또한 상당수는 이러한 강점을 중심으로 스토리를 만들어두는 것이 얼마나 중요한지도 잘 알고 있다. 하지만 때때로 영업인들은 자신의 상품이 주는 대여섯 가지 혜택을 두서없이 지껄이는 데 그치고 만다. 그러나 사람들은 쉽게 지루함을 느끼기 때문에 네 번째 혜택을 이야기할 때쯤이 되면 고객의 귀에는 의미 없는 주절거림으로 들릴 뿐이다.

사람의 마음은 세 가지만 취하기 때문에 이 세 가지는 반드시 설득력이 있어야 한다. 따라서 이 세 가지는 상품과 서비스가 주는 강력한 장점과 혜택으로 이루어져야 한다. 3포인트 플레이 기법은 영업인들이 그들의 상품에 대해 너무 많은 것을 이야기하려는 무모한 생각을 막아주고 상품의 장점만 언급하는 데 집중할 수 있게 해준다. 3D 코칭 모델의 '발견' 단계에서 TBOP가 고객들이 찾고 있는 혜택에 대해 질문하는 이유가 여기에 있다. 이는 고객들을 만족시키고 영업을 용이하게 만들어준다.

이 장의 마지막 부분에서는 상품이나 서비스에 대한 세 가지 포인트를 만들 때 '스토리보딩storyboarding' 기법을 소개할 것이다. 이 스토리보딩은 당신이 자신의 상품이나 서비스가 주는 혜택을 팔 수 있는지 없는지 발견하는 데 도움을 준다. 일단 이 과제를 수행하고 나면 당신은 고객에게 제공할 세 가지 최고 혜택이 무엇인지 깨닫게 될 것이다.

그러나 지금 당장은 고객의 목적과 니즈를 알고, 이들에게 당신의 상품이나 서비스를 이용하여 해결책을 제공할 수 있다고 가정하자. 컨설팅 영업 모델을 활용하는 영업인들은 목적과 혜택을 맞추는 데 시간을 쏟는다는 개념에 익숙하다. 하지만 코칭 모델은 목적과 혜택을 원활하게 연결시키는 '방법'에 강점이 있다.


## 원활한 연결

앞 장에서 우리는 고객과 함께 목적을 발견한 다음 해결책을 논의하는 단계로 넘어가는 과정을 자동차 기어의 윤활유에 비유해 설명했다.

해결책들을 연결하는 개념도 동일한 비유로 설명할 수 있다. 윤활유는 기계가 더 잘 돌아가게 만든다. 매끄러운 연결은 기능을 유지하는 데 필수이다. 영업 상황도 다르지 않다. 다음과 같이 행동했다가 기회를 놓친 영업인을 상상해보라.

- 고객의 목적과 관계없는 해결책을 제공한다.
- 해결책을 고객의 목적과 인위적으로 맞추어 밀어붙인다.
- 고객의 목적에 해결책을 맞추려 노력하되 그 방식이 어색하거나 혼란을 준다.

이것은 마치 금속에다 금속을 대고 문지르는 것과 같다. 그러니 여기서 제시하는 코칭 대화의 다음 단계에 집중하자. 고객과의 만남에서 여기까지 진행했다면 기초 공사가 끝난 셈이다. 영업에서 성공하기 위해서 고객을 만족시킬 수 있는 대부분의 것을 알고 있는 것이다. 그렇다면 이제는 논의를 할 차례이다.

그런데 많은 영업인들이 상담에서 이 단계를 완벽하게 익히는 데 시간을 투자하지 않는 것은 참 유감이다. '논의' 단계를 완전히 습득하면 확고한 관계를 구축할 수 있을 뿐 아니라, 문제가 생기고 도움이 필요할 때 찾아갈 수 있는 사람으로 자신을 자리매김해 열렬한 팬을 확보할 수도 있다. 이미 언급했듯이 3포인트 플레이는 이를 가능하게 하는 기술이기 때문이다.

# 3포인트 플레이를 만드는 공식

다음은 고객의 니즈에 능숙하게 연결하는 간단한 공식이다.

### ✓ 공유 포인트 #1

- 고객의 니즈를 초기 목적과 연결하라(원활하게 연결할 수 있는 좋은 윤활유를 갖추고 있어야 한다는 점을 기억하라).
- 고객에게 질문을 하고 고객과 함께 체크하라.

### ✓ 공유 포인트 #2

- 고객의 니즈를 초기 목적과 다시 연결하라.(원활하게 연결할 수 있는 좋은 윤활유를 갖추고 있어야 한다는 점을 기억하라).
- 다시 고객에게 질문을 하고 고객과 함께 체크하라.

### ✓ 공유 포인트 #3

- 고객의 니즈를 초기 목적과 다시 연결하라(원활하게 연결할 수 있는 좋은 윤활유를 갖추고 있어야 한다는 점을 기억하라).
- 다시 고객에게 질문을 하고 고객과 함께 체크하라.

이에 대해 설명하기 위해 한 가지 예를 들어보겠다. 이 예는 네트워크 마케팅 비즈니스에 참여하도록 누군가가 주변 사람을 설득할 때, 이 접근법을 어떻게 사용하는지를 보여주고 있다. 이 시점에서 네트워크 마케팅 그룹에 속한 그 사람은 자신의 인생에서 세운 세 가지 주요 목표들을 파악하기 위해 '발견' 단계에서 충분한 시간을 보냈을 것이다. 고객의 일부 목표와 당신의 목표를 굳이 연결할 필요는 없지만 다양성을 위해 다음과 같이 세 가지 목적을 먼저 보여주겠다.

1. 재정적으로 자유로워지는 것
2. 일정을 스스로 관리하는 것
3. 자신의 성공 수준을 관리하는 것

'발견' 단계에서 밝혀진 이 고객의 장애물은 고압적이고 지나치게 꼼꼼한 그녀의 상사가 10년 동안이나 자신의 앞길을 가로막으면서 직업적으로 더 이상 발전하지 못하게 한다는 것이었다. 그런 그녀에게 자신의 목적을 성취하는 데 따르는 혜택은 아이들과 더 많은 시간을 보내고, 자신이 원할 때면 여행을 가거나 휴가를 낼 수 있으며, 낮은 직급에서 일한다는 느낌을 주지 않는, 즉 어떠한 영향력으로부터도 자유로워지는 것을 의미했다. 그녀의 과거 계획은 이를 꿈꾸는 것에 불과했다. 하지만 이제는 정말 뭔가를 하기 위해 발걸음을 옮겨놓을 작정이었다. 네트워크 마케팅 영업인은 자신의 비즈니스가 지닌 강점을 이미 이해하고 있다. 다음은 그 영업인의 입장에서 바라본 대화이다.

✓ 공유 포인트 #1
"이번 기회의 가장 큰 장점 가운데 하나는, 이 분야에서 최고의 자리에 올라선 비즈니스맨들은 은퇴한 후에도 지속적으로 수입을 올릴 수 있다는 것입니다."

### - 고객의 초기 목적과 연결하기

"금전적인 자유가 매우 중요하다고 말씀하신 걸로 아는데, 그래서 저는 고객님이 이 비즈니스에 구미가 당길 것이라고 생각합니다."

### - 고객에게 질문하고 고객과 함께 체크하기

"심지어는 은퇴 후에도 수입이 계속 발생한다는 점이 고객님이 추구하고 있는 재정적인 자유와 어떻게 맞아떨어집니까?"

여기까지가 공유하는 부분이다. 이제는 잠시 말을 멈추고 고객이 충분히 생각해서 질문에 답할 시간을 주어라. 3포인트 플레이의 다음 단계로 넘어가기 전에 그 해답이 목적을 충족하는 해결책인지에 대해 확실히 동의하게 하라. 그런 다음 이렇게 질문하라.

"자, 가만히 있어도 계속 발생하는 수입이 미래의 재정적 자유에 커다란 영향을 미칠 수 있다는 점에 우리가 동의한 것으로 보이는데, 제 말이 맞습니까?"

고객이 그렇다고 대답하면 공유 포인트 #2로 넘어가라.

### ✓ 공유 포인트 #2

"고객님이 흥미를 느낄 거라고 생각하는 이 비즈니스의 또 다른 속성은 근무 시간을 스스로 결정할 수 있다는 점입니다. 언제 일하고 언제 쉴지를 고객님 스스로 정

할 수 있습니다. 어깨 너머로 감시하는 사람도 없고, 출퇴근 시간을 기록하는 사람
도 없습니다. 이것이 저희가 기업가적 성향이 강한 사람에게 끌리는 이유 중 하나
입니다. 기업가적 정신이 없는 사람들은 자신의 스케줄을 유지하고 스스로를 단련
하는 데 어려움을 겪는 경향이 있습니다. 저희는 일정 수준의 책임감을 지닌 사람
을 찾고 있습니다."

**- 고객의 초기 목적과 다시 연결하기**

"제가 지금 대화의 초반부에서 저에게 공유해주신 고객님의 목적에 초점을 맞추
고자 노력하고 있다는 점을 알아주셨으면 합니다. 고객님은 자신의 스케줄을 스스
로 관리하고 싶다고 하셨는데요, 저희와 함께 일하시는 시간, 가족과 함께하는 시
간, 휴가 계획 등 고객님의 스케줄은 철저히 고객님의 손에 달려 있습니다."

**- 고객에게 다시 질문하고 고객과 함께 체크하기**

"저희가 하는 일에 동참하시면서 스케줄을 관리할 권한이 생기면 근무 시간, 휴가
등은 구체적으로 어떻게 꾸려가실 계획이십니까?"

이렇게 이야기를 나누고 나면 잠깐 멈추고 당신의 서비스가 그들의
목표를 충족해주는지에 대해 동의를 구하라. 그런 다음 공유 포인트 #3
으로 넘어가라.

✓ 공유 포인트 #3

"우리와 함께하신다면 분명히 고객님의 스케줄을 고객님 스스로 관리할 수 있습

니다. 저에게 가장 의미 있는 것 중 하나는 제가 얼마나 성공할 수 있는지를 결정할 사람이 아무도 없다는 사실입니다. 제가 어느 정도로 일에 집중하고 시간을 쏟을 것인지 스스로 선택해서 정해놓은 한계 말고는 제가 벌 수 있는 소득에 한계는 없습니다."

### - 고객의 초기 목적과 다시 연결하기

"고객님께서는 다른 사람이 고객님의 소득을 정한 황당한 경험이 있으시고, 원하는 수준만큼 성공하고 싶은 강한 열망을 갖고 계신 것으로 알고 있습니다."

### - 고객에게 다시 질문하고 고객과 함께 체크하기

"저희 회사와 함께하면 고객님 스스로 소득과 성공 수준을 결정할 수 있다는 점에 대해 혹시 질문 있으십니까?"

공유 포인트 #3에서 풍성한 논의를 하기 위해 당신이 할 수 있는 추가적인 질문으로는 다음과 같은 것들이 있다.

- "이러한 생각에 대해 지금까지 어떤 느낌이 드십니까?"
- "이 시점에서 고객님이 주요 목적을 달성할 수 있도록 제가 어떻게 도와드리고 있다고 생각하십니까?"
- "좀 더 자세한 사항을 말씀드리기 전에, 고객님이 이에 대해 어떻게 생각하는지 말씀해주셨으면 합니다. 이 아이디어에 대해 어떤 생각을 갖고 계십니까?"

이런 질문을 하면서 당신은 고객의 니즈와 해결책을 함께 확인할 수 있다. 이는 공손함을 표현하는 동시에 고객과 같은 생각을 가지고 있다는 점을 보증해준다. 물론 당신이 하는 질문의 형태 역시 중요하다.


## 개방형 질문

눈치가 빠른 독자라면 공유 포인트 #1과 공유 포인트 #3 사이에서 다음 포인트로 넘어갈 때를 제외하고는 모든 질문이 개방형 질문이라는 것을 눈치챘을 것이다. 이것은 의도적인 것으로 매우 중요하다. 대답에 제약이 없는 질문은 대화를 시작하고 촉진한다. 이것은 결정적 야드를 넘는 데 필수이다. "예/아니오"로 대답을 유도하는 질문은 대화를 열고 한 포인트를 종료하고 다음 포인트로 넘어갈 때에 더 효과적이다. 그런데 불행히도 우리가 연구한 바에 따르면 많은 영업인들이 개방형 질문을 어려워한다. 기존의 영업인들은 법정에 선 변호사처럼 "예/아니오"로 대답할 수 있는 질문으로 그 과정을 통제하는 데 익숙하다.

그렇다고 그들을 비난할 수는 없다. 단지 그렇게 훈련을 받았을 뿐이다. 실제로 우리는 코칭 영업에 대한 워크숍을 진행할 때 참가자들이 이 기법을 습득하는 것을 돕기 위해 역할극을 한다. 이때 우리가 코치들에게 당부하는 요청사항 중 한 가지는, 그들의 파트너가 "예/아니오"식 질문을 하면 '놀란 토끼 표정'을 지으라는 것이다. 그러면 몇 분 지나지 않아 방 안에는 이상한 표정을 짓는 사람들로 가득 찬다.

이러한 연습은 자신이 폐쇄형 질문을 하고 있을 때 그 사실을 깨닫게 하는 데 매우 유용하다. 이를 통해 우리는 그들과 함께 확인하고, 또한 이런 유형의 질문들이 부드럽게 진행될 수도 있었던 대화를 얼마나 삐걱거리게 만들 수 있는지 보여줄 수 있었다.

## 진정한 대화하기

일단 개방형 질문을 확실히 익히고 나면 3포인트 플레이 중 포인트 사이에서 "예/아니오"식 대답을 유도하는 폐쇄형 질문을 전략적으로 사용할 수 있게 된다. 3포인트를 짚고 나서 고객과 충분히 대화를 나누고 그들의 니즈에 우리의 해결책을 적절하게 맞추었다는 것을 확인하고 나면 이제는 '결정' 단계로 넘어갈 시간이 된 것이다. 다시 말하지만 변속 기어를 작동할 때 윤활유가 기어의 마찰을 줄여주듯이, 부드럽게 넘어가는 데 초점을 맞추어야 한다. 이 단계에서 가장 원활한 흐름을 만드는 것은 반영과 재검토이다. 반영과 재검토를 요약하면 다음과 같다.

"고객님과 제가 공유 포인트 #1, 공유 포인트 #2, 공유 포인트 #3이 (고객님의 목적)에 잘 들어맞는다는 것에 대해 동의하신 것 같습니다. 맞습니까?"

반영과 재검토는 당신과 고객이 코칭 영업 과정의 '논의' 단계에서 어떤 관계를 맺고 있는지 상징적으로 보여준다. 따라서 당신은 고객과 접촉을 유지하기 위해 끊임없이 노력해야 한다.

언젠가 코칭 고객으로 마사지 테라피스트를 만난 적이 있었다. 그는 자신의 비즈니스를 만들기 위해 노력하는 중이었고, 이런 생각을 자신의 일을 통해 표현하고 있었다. 그녀가 강조한 것 중 하나는 마사지를 할 때 반드시 한 손은 고객에게서 떼지 않는다는 사실이었다. 그녀는 고객 옆에서 서로 연결되어 있다는 사실을 끊임없이 상기시키는 것이 매우 중요하다고 강조했다.

물론 여기서 당신의 고객과 손을 잡고 있으라고 하는 얘기는 아니다. 하지만 요점은 같다. 고객이 한 번이라도 당신과 연결이 끊겼다는 생각을 하지 않도록 만들라는 것이다. 고객과는 항상 언어적 접촉을 유지해야 한다. 그리고 고객과 함께 소통하면서 그들의 반응과 관점에 따라 집중해야 할 것과 질문을 바꿀 필요가 있다. 신뢰를 얻는 가이드는 자신의 고객에게 초점을 맞추고 있다는 점을 기억하라. 자기가 안내하는 고객의 언어적·비언어적 상황에 초점을 맞추지 않는다면 그것보다 어리석은 가이드가 또 어디 있겠는가?

3D 코칭 모델의 '논의' 단계에서는 반드시 논의에만 머물러야 한다. 강의가 되어서도 안 되고, 판매를 권유해서도 안 되며, 고객을 조작할 기회로 생각해서도 안 된다. 당신은 이 단계를 고객을 위해 훌륭한 가치가 있는 무언가를 같이 창출하는 기회로 삼아야 한다. 그래야 당신은 돈을 벌고, 그 고객에게 영향을 미칠 수 있다.

그렇다면 이 단계에서는 컨설팅 영업과 코칭 영업을 어떻게 차별화해야 할까? 앞에서 받기, 받기/주기, 안내하기에 대해 논의한 것을 기억하는가? 컨설팅 영업은 얻기/주기이며, 코칭은 안내하기로 두 모델을 비교한 바 있다. 3D 코칭 모델의 '논의' 단계에서 이를 비교하면 다음과 같다.

- 받기/주기는 줄다리기나 탁구 경기와 같다.
- 받기/주기는 종종 그 사람을 우리 편으로 만들기 위해 조종하는 데 초점을 맞춘다.
- 받기/주기는 계약을 시도할 때 현명한 고객의 눈에 띄기 쉽다.
- 가이드는 상대방의 움직임이 어디서 시작하고 끝날지 모르는 상황에서 추는 춤과 같다.
- 유능한 가이드는 산에 오를 때 누군가가 숨을 헐떡이면 멈추는 것처럼 고객과 온전히 연결되어 있다. 이때 만약 가이드가 계속해서 산을 오르면 어떤 일이 벌어지겠는가? 고객을 잃을 수도 있다.
- 가이드는 상호 협력적인 계약 체결 모델을 따른다.

논의, 협력, 팀워크는 지지자와 파트너를 만드는 데 매우 유용하다. 이것들은 우리를 언제든 교체할 수 있는 상인이 아니라 소중한 코치로 보이도록 도와줄 것이다. 어느 쪽이 우리를 더 기분 좋게 만들겠는가?

## 장애물 제거하기

앞에서 코치는 고객들로 하여금 해결책에 대한 전략을 짜는 데 도움을 준다고 말한 바 있다. 고객이 '논의' 단계에서 우유부단하거나 주저하고 있다는 점을 깨닫게 되면 이 모델의 다음 단계결정로 넘어가는 것을 방해하는 장애물혹은 거절을 뛰어넘도록 도움을 주는 추가적인 코칭 기술에 집중해야 한다. 코칭 상황에서 고객이 원하는 바를 얻고자 할 때, 당신은 그것을 가로막는 장애물을 끊임없이 만나게 된다. 코칭 관계는 이러한 장애물을 뛰어넘고 그들이 목표에 도달할 수 있도록 돕기 위해 코치가 함께한다는 것을 이해시키는 것이다.

그렇다면 노련한 코치는 고객이 주저하거나 혼란스러워하는 모습을 보일 때 어떻게 해야 할까? 한 가지 방법은 고통, 만족 차트를 그려보는 것이다. 이 차트는 전적으로 강화이론reinforcement theory을 주장하는 심리학자들의 연구에 기반한 것이다. 먼저 앤서니 로빈스가 《네 안에 잠든 거인을 깨워라》에서 사용한 세 가지 용어를 정리해보자.

우리는 한 사람의 고통과 만족을 살펴봄으로써 그 사람이 어떤 행동을 할지 또는 어떤 결정을 내릴지 판단할 수 있다. 또한 어떤 사람이 결정을 내리지 못하게 만드는 장애물도 파악할 수 있다. 그러나 고통과 만족이 이를 결정한다고 말하기는 어렵다. 더 정확히 말하자면, 행동을 결정하는 것은 고통과 만족에 대한 '인지perception'이다. 어떤 결정을 내리면 그 결과가 만족이고 다른 결정을 내리면 그 결과가 고통이라는 것을 확신한다면, 마조히스트가 아닌 다음에야 자신에게 최소의 고통과 최대의 만족을 주는 결정을 추구할 것이 뻔하다.

어떤 사람이 고가의 집을 구입할 것인지 여부를 놓고 고민하고 있는 상황을 예로 들어보자. 애초에 생각하던 것보다 집값은 비싸지만, 그는 그 집이 정말로 마음에 든다. 코칭 과정에 숙련된 영업인이라면 이 고객에게 질문을 해서 인지하고 있는 고통과 만족을 드러내게 할 것이다. 이때 우리에게 교육을 받은 전문가들 중에는 표를 사용하는 이들도 있을 것이다. 아래의 표처럼 고객이 내릴 수 있는 두 가지 결정을 나열한 다음 각 결정마다 고통과 만족 항목을 배정하는 것이다.

|  | 실행에 따르는 고통 | 실행에 따르는 만족 |
| --- | --- | --- |
| 옵션 #1 |  |  |
| 옵션 #2 |  |  |

이제 이 표를 아까 집 구입 문제로 고민하는 고객에게 적용해보자. 부동산 영업인은 그 고객에게 각 카테고리의 고통과 쾌락에 대해 질문해 다음과 같은 정보를 얻었다.

|  | 실행에 따르는 고통 | 실행에 따르는 만족 |
| --- | --- | --- |
| 옵션 #1 | · 예산보다 비싸다.<br>· 대출금 때문에 휴가를 줄여야 할 수도 있다.<br>· 재정적으로 무책임하게 느껴진다. | · 내가 꿈꾸던 집이다.<br>· 언제나 원하던 공간을 드디어 가진 것이다.<br>· 이 집에서 친구와 즐거운 시간을 보낼 수 있다. |
| 옵션 #2 | · 이만큼 마음에 드는 집을 찾지 못했다.<br>· 이 집이 최고의 기회였는데 놓치면 어떻게 할까?<br>· 지금 살고 있는 집에서 벗어나지 못하고 오랜 기간 동안 이에 대해 한탄할 수도 있다. | · 매달 다른 것을 할 돈을 더 많이 확보할 수 있다.<br>· 디 낮은 가격으로 내가 좋아힐 만한 대안을 찾을 수 있다.<br>· 어쩌면 불편하게 느끼게 될 결정 상황을 피할 수도 있다. |

영업인에게 '논의' 단계에서 이러한 정보가 유용할까? 당연하다! 영업인은 이러한 정보를 토대로 고객이 여러 가지 다른 옵션과 생각을 검토해 올바른 구매 결정을 내리도록 도와줄 수 있다. 예를 들어, 좀처럼 가지 못하는 휴가의 가치와 일상의 안락이라는 가치를 비교하는 것이 이 집을 살 때 느끼는 고통 중 일부에 대한 해결책이 될 수 있다. 이 집을 사서 친구들을 초청했을 때 얻을 수 있는 즐거움을 시각적으로 그려보게 함으로써 집을 구매하는 쪽으로 확신을 가지게 할 수도 있다. 또한 고객의 재정 상황을 현실적으로 파악해 무엇이 고객을 위한 최상의 선택인지 파악하게 할 수도 있다.

그러나 이런 정보가 없다면 영업인은 고객이 해결책을 찾는 데 진정한 도움을 줄 수 없을 것이다. 영업인은 인지된 고통과 만족을 바라봄으로써 고객에게는 큰 도움을 주고, 자신을 위해서는 열렬한 팬을 확보해 고객의 결정에 영향을 주는 인물로 남을 수 있다.

## 코칭 도구: 스토리보딩

스토리보딩Storyboarding은 상품이나 서비스에 대해 우리가 가지고 있는 본연의 지식을 끌어내기 위해 사용하는 유용한 기법이다. 이는 특히 많은 생각으로 마음이 복잡하여 생각을 정리하고 전략적으로 접근할 필요가 있을 때 매우 유용하다. 스토리보딩은 목적에 따라 책을 쓸 때, 마케팅 기획을 결정할 때, 복잡한 문제를 처리할 때 등 모든 과정에 사용할 수 있지만 여기서는 3포인트 플레이를 끌어내기 위해 사용한다. 이 장에서는 실행 과제를 통해 실제로 스토리보딩을 활용한 3포인트 플레이를 해볼 것이다. 실행 과제를 위해 필요한 것은 포스트잇과 펜이 전부이다. 이 실행 과제는 혼자서도 할 수 있고 영업팀원들과 함께해도 좋다. 스토리보딩 기법을 위해 우리가 제안하는 단계는 다음과 같다.

- 아이덴티티Identify
- 무리 짓기Cluster
- 이름 붙이기Label

이에 대해 좀 더 자세히 알아보자.

## 1_ 아이덴티티

스토리보딩의 첫 단계에서는 모든 판단을 잠시 보류해둘 필요가 있다. 브레인스토밍 단계를 가장 성공적으로 해내기 위해서는 상품이나 서비스의 각기 다른 강점을 모든 관점에서 자유롭게 말하면 된다. 여러 사람들이 여러 장점에 대해 큰 소리로 말하면서 포스트잇에 한 가지 아이디어씩 적은 다음 벽에 붙인다. 당신의 상품에 관해 고객에게 말하고 싶은 것을 모두 생각해내는 것이다. 포스트잇 한 장마다 한 가지 생각을 적어 벽에 붙이는 작업을 아이디어가 다 떨어질 때까지 계속한다.

## 2_ 무리 짓기

다음 단계로 붙여놓은 포스트잇을 한 장씩 훑어본다. 그런 다음 유사한 주제끼리 무리를 짓는다. 어떤 포스트잇이 어떤 식으로 관련되어 있는지 직관적으로 분류해서 세 개의 카테고리로 구분해 포스트잇을 나눈다. 내용이 반복되거나 세 가지 카테고리에 맞지 않는 포스트잇은 버린다. 카테고리에 맞지 않는다면 프레젠테이션을 방해할 가능성이 높기 때문이다. 지금이라도 생각나는 아이디어가 있다면 포스트잇에 적어서 붙이고 분류한다. 한 걸음 물러서서 카테고리를 검토하면서 만족할 때까지 작업을 계속한다.

## 3_ 이름 붙이기

나눠놓은 포스트잇 세 무리를 하나하나 들여다본다. 그들을 하나로 묶는 주제는 무엇인가? 예를 들어 '복잡하지 않음', '고객 만족율이 높음', '사용자 친화적임', '설계가 단순함'이라고 쓰인 포스트잇을 한 무리로 모았다면 그 카테고리는 '사용이 편함'이라고 이름 붙일 수 있을 것이다. 카테고리의 이름을 다른 색깔의 포스트잇에 써서 한 무리로 모아놓은 포스트잇의 위쪽에 붙인다.

이 세 가지 단계를 거치고 나면, 여기서 뽑아낸 세 가지 주요 장점을 열거하고 주요 카테고리의 각 메모에서 뽑아낸 방해 요소들을 적은 3

포인트 플레이 시트를 만들 수 있다. 두어 장의 인덱스나 종이에 주요 장점을 적어 잘 기억하라. 이와 같이 생각을 강력한 3포인트 플레이로 정리해 작성해두면 상담에서 놀라운 집중력을 발휘하고 코칭 영업을 철저히 준비할 수 있다. 우리는 당신이 이 과정을 제대로 이해하기 바란다. 그리고 이 과정의 진짜 위력은 실천에서 나오는 것이기에, 이어지는 실행 과제를 꼼꼼히 해볼 것을 권한다.

## 실행 과제 1  스토리보딩

지금까지 스토리보딩에 대해 설명했으니 실제로 한번 해보자. 당신의 상품이나 서비스에 대해 생각하고, 다음 세 단계를 따르도록 하라.

### •아이덴티티

비평이나 논의를 하지 말고 상품이나 서비스의 강점에 대해 브레인스토밍을 해보라. 포스트잇에 강점을 하나씩 적어 벽에 붙여보라.

### •무리 짓기

아이디어가 고갈되면 만족할 때까지 유사한 주제끼리 무리를 지어보라. 포스트잇을 사용하여 이 무리를 세 개의 주요 주제로 묶어보라. 이 세 가지 카테고리에 들지 않는 것은 옆으로 제쳐두어라. 이 세 가지 카테고리에 들 수 있는 새로운 아이디어가 떠오르면 추가하라.

### •이름 붙이기

색깔이 다른 펜을 사용해 세 가지 카테고리에 이름을 정하고, 이 카테고리의 이름을 무리 위에 붙여두어라. 다음 실행 과제에서 3포인트 플레이를 만들기 위해 이 강점을 사용하라.


 **3포인트 플레이**


　이 실행 과제의 요점은 3포인트를 완벽하게 익힐 수 있도록 돕는 것이다. 이것을 완료하면 당신은 상품이나 서비스의 가장 중요한 점에 집중해 간결하게 말할 수 있다. 기본적으로는 강력한 사실과 혜택을 바탕으로 왜 사람들이 당신에게 구매해야 하는지에 대한 이유를 간단하게 말할 수 있다. 당신이 말하는 혜택은 고객이 스스로에게 던지는 '나를 위해 무엇이 좋은가?'라는 질문에 답을 해줄 수 있어야 한다.

　당신의 상품이나 서비스마다 이 과제를 한번 해보라. 기계적인 과정이지만 일단 이 접근법을 익히고 나면 당신의 성향에 가장 적합한 단어를 선택할 수 있을 것이다. 여기서는 가이드를 하며 3포인트 플레이를 함께 만들어보겠지만, 당신이 정말 적극적인 사람이라면 3장에서 제시한 네 가지 TEAM 스타일에 대해 3포인트 플레이를 만들어볼 수도 있을 것이다.

　3포인트를 플레이를 만드는 데 아래의 공식을 사용하라. 이를 위해 동료와 함께 역할극을 하거나 최근에 고객과 나누었던 대화를 떠올려보라. 이 장의 앞부분에서 제시했던 예를 다시 사용해보라.


• 공유 포인트 #1 "_____의 가장 큰 장점 중 하나로"

- **고객의 초기 목적과 연결하기** "고객님께서는 ＿＿＿＿＿라고 언급하신 것으로 알고
  있습니다."

- **고객에게 질문하고 고객과 함께 체크하기**: "＿＿＿＿＿라는 아이디어는 어떻습니까?"

중략

"그러니까 고객님과 제가 ＿＿＿＿＿라는 점에 대해 동의한 것처럼 들리는데요. 맞습
니까?"


- **공유 포인트 #2**: "제 생각에 고객님이 흥미를 느낄 수 있을 것 같은 또 다른
  점은 ＿＿＿＿＿입니다."

- **고객의 초기 목적과 다시 재연결하기** "대화 초반부에 고객님께서 말씀하신 목적
  을 해결하기 위해 제가 정말로 노력하고 있다는 점을 고객님께서 느끼실 수 있기
  를 기대합니다. 저는 고객님께서 ＿＿＿＿＿에 하고 싶다고 언급하신 것으로 이해합
  니다."

- **고객에게 다시 질문하고 고객과 함께 체크하기** "＿＿＿＿＿에 대한 고객님의 전망은
  어떻습니까?"

중략


고객과 공유한 후에 다시 멈추고 당신의 서비스가 그 목적을 어떻게
만족시키는가에 대해 동의에 이르게 하라. 그런 다음 3포인트 플레이
의 세 번째 공유 포인트로 이동하라.


- **공유 포인트 #3**: "고객님께서 관심을 보이실 거라 믿는 세 번째 공유 포인트

는 ______입니다.”

- **고객의 초기의 목적과 다시 연결하기**

“고객님께서 ______하신다고 알고 있습니다.”

- **고객에게 다시 질문하고 고객과 함께 체크하기**

“______에 대해 어떤 질문을 가지고 계십니까?”

이제 친구나 동료와 함께 이 공식을 연습하라. 당신에게 맞는 속도와 유형을 찾고 진실하게 행동하라.


## 실행 과제3 반성적 재검토

지난 번 미팅을 한번 떠올려보라. 가능한 정도까지 그 미팅에 대해 반성하며 다시 점검하기 위해 노력해보라. 그런 다음 아래 공식을 사용하라.

“우리가 ______에 대해 동의한 것 같아 보이는데요.”

________________________________________

플레이 #1 명명하기: 우리의 첫 번째 해결책

________________________________________

플레이 #2 명명하기: 우리의 두 번째 해결책

________________________________________

______________________________와 잘 맞는(고객의 목적 말하기)

만약 이 공식대로 할 수 없다면 이는 무엇을 의미하는가? 반성적 재검토를 할 수 있는 능력을 어떻게 향상할 것인가?

# 코칭 모델 3단계:
# 결정(Decide)

———— • • • ————

"말을 중단해야 할 시점은
상대방이 동의한다는 듯 고개는 끄덕이지만 말은 한마디도 안 할 때다."
: 미상

"동네 수다쟁이에게 집에서 키우는 앵무새를 팔아도
부끄럽지 않도록 살아라."
: 윌 로저스(Will Rogers)

## | 개요 |

능력 있는 코치는 고객이 실행과 해결책으로 넘어갈 수 있게 돕는다. 지금까지 당신과 고객이 목적과 이슈를 발견하고 해결책에 대해 논의 했으므로, 이제는 어떤 형태로든 책임이 있는 형태로 넘어갈 때다. 경험이 적은 영업인은 대화를 결정할 수는 없겠지만 영업 과정을 앞으로 나아가게 할 수 있는 결정은 항상 가능하다.

이 장에서는 고객과 함께 공동으로 계약을 만들어가고, 중요한 실행 계획을 마련하며, 후속 조치를 하기 위해 함께 시간 계획을 짜는 방법 에 대해 배우게 될 것이다. 또한 결정적 야드를 넘어 대화가 진행되는 동안 고객의 거절을 다루기 위해 코칭을 활용하는 방법에 대해서도 살

퍼보게 될 것이다.

## | 현장 경험 |

나는 젊었을 때 돈이 별로 없었지만 기본적인 운행 수단으로 차가 꼭 필요했던 적이 있었다. 차를 알아보기 위해 신차와 중고차를 같이 다루는 자동차 대리점에 가서 이리저리 걸어 다니고 있는데 한 영업인이 다가와 내 결정을 '도와주겠다'고 했다. 그는 사근사근했고 활력이 넘쳤으며, 마침 우리 앞에 전시되어 있던 신형 캐딜락의 장점에 대해서 이야기하기 시작했다. 약 10분 후, 나는 그의 말을 끊고 그냥 중고차를 찾고 있다고 말했다. 그때부터 대화는 다음과 같이 진행되었다.

**영업인** "자, 13,500달러 정도로도 이 좋은 신차를 구입하실 수 있습니다. 이 차의 장점을 말씀드리자면……."

**나** "사실 저는 그렇게 큰돈을 쓸 생각은 없는데요."

**영업인** "그럼 이쪽으로 오시죠. 이 차는 11,900달러밖에 안 하지만 아주 좋습니다. 이 녀석의 장점으로 말씀 드리자면……."

**나** "말을 끊어서 죄송하지만, 그래도 제가 생각한 금액보다 많네요."

**영업인** "그럼 곤란하군요. 어느 정도의 가격을 예상하셨습니까?"

**나** "전 2,500달러 정도 생각했지요."

**영업인** "아, 그럼 X차를 찾으시는군요! 저희는 그런 X차는 취급 안 합니다."

**나** "시간 내주셔서 고마웠습니다."

나는 결국 그 영업인에게서 차를 사지 않았다. 그는 내가 결정을 내리는 것을 도와준다는 점에서는 그리 도움이 되지 않았다!

## | 원칙 |

당신은 이미 잘나가는 영업인이다. 그러므로 이 책을 다 건너뛰고 지금 이 장부터 읽고 있을지도 모른다. 만약 그렇다면, 지금 당장 제일 앞부분으로 가서 순서대로 읽기 바란다. 그게 당신에게 가장 좋은 방법이다. 만약 당신이 인내심을 가지고 우리가 제시하는 모델의 첫 단계부터 읽어왔다면, 곧 그 노력에 대한 보상을 받을 것이다.

당연한 말이지만, 영업인은 고객이 결정을 내리는 것을 돕는 데 집중한다. 그래야 계약을 성사시킬 수 있기 때문이다. 영업 상황의 마무리 단계에서 대부분의 영업인은 고객을 속이려 한다. 그러나 우리가 제시한 3D 코칭 모델의 첫 번째와 두 번째 단계를 따른다면, 마무리는 속이지 않고도 '식은 죽 먹기'다. 또한 우리의 '결정적 야드' 이론을 계속 따른다면, 이 단계에서 당신은 이미 그 야드의 95퍼센트는 돌파한 셈이며, 나머지 5퍼센트는 그야말로 가벼운 발걸음으로 갈 수 있다. 이 단계의 목적은 "예스"라는 대답을 얻거나, 또는 "노"라는 대답을 완전히 이해하고 확인하는 것이다.

우리 동료 중에는 코칭 영업에 애를 먹는 사람도 있다. 이들은 계약을 독려하는 것이 고객에게 무례한 일이라는 잘못된 생각을 가지고 있다. 그러나 솔직히 말하자면, 계약이야말로 가장 유능한 코치의 책임이며, 고객에게 줄 수 있는 최고의 선물이다.

코칭 기술에 대한 이야기로 다시 돌아가보자. 코치는 대화를 통해 고객이 실행과 해결 단계로 넘어갈 수 있도록 도와주는 사람이다. 어떤 사람들은 코치가 단지 사람을 기분 좋게 만들어주는 '과대포장된' 직업이라고 보는 실수를 저지른다. 고객의 장점과 확신을 끌어내는 것이 물론 코칭 과정의 핵심적인 부분이지만, 중요한 것은 그 초점이 그저 기분을 좋게 하거나 행복하게 해주는 것에 맞춰진 것이 아니라는 점이다. 코칭은 오히려 '변화'에 관한 것이다. 목표를 바라보고 그에 도달하는 것과 관련된 것이다.

코칭은 우리의 잠재력을 개발하고 우리에게 주어진 사명을 따르는 것과 관련이 있다. 그러므로 모든 코칭의 상호작용은 실행으로 마무리된다. 종종 코치의 지도를 받은 사람이 행동을 주도하기도 하지만 코치와 함께 공동으로 하기도 한다. 이런 실행 과정은 고객을 한 차원 높은 행복이나 성취로 이끌 수 있는 행동에 초점이 맞춰져 있다. 실행하지 않는 코칭은 코칭이 아니다. 영업 상황의 말미에는 반드시 실행이 뒤따라야 한다. 따라서 고객은 다음 세 가지 가운데 하나를 선택해야 한다.

- 구매하기
- 구매하지 않기

• 결정 미루기

이 각각의 결정은 그에 따른 실행을 필요로 한다. 예를 들어, 구매를 하겠다는 결정은 계약서에 서명하고, 돈을 건네는 등의 행동으로 이어진다. 반면에 구매하지 않겠다는 결정은 영업인에게 또 다른 행동을 요구한다. 많은 경우, 영업인은 "노"를 받아들이고 더욱 가능성이 높은 고객에게 집중해야 한다. 결정을 미루는 경우에는 고객의 다음 행동이 쉽게 눈에 보이지 않을 수도 있는데, 이를 가시적으로 드러내는 것이 중요하다. 고객이 결정을 미루기로 결정했을 때, 영업인이 하는 가장 최악의 행동 두 가지는 고객이 결정을 하도록 밀어붙이는 것과 고객이 결정을 내리도록 돕는 행동을 취하지 않고 고객에게 완전히 맡겨버리는 것이다.

## 책임이 중요하다

책임은 코칭 관계에서 중요한 부분이다. 그러나 책임이라는 단어를 두려워하는 사람들도 있다. 책임감이 있다는 말은 간단히 말해 설명을 해준다는 의미이다. 책임은 성공에 대해, 결정에 대해, 삶과 모든 어려움으로부터 배우는 교훈에 대해 설명하고 이를 책임진다는 의미이다. 책임은 고객에게는 큰 약점으로 작용할 수 있지만 공감과 존중, 설득으로 다룬다면 아주 강력한 경험이 될 수도 있다. 코치는 고객에게 수치심을 주거나 도덕적인 견해를 피력해 고객의 성공을 제한할 수도 있다. 또한 고객이 아주 쉽게 책임에서 벗어나게 해줌으로써 그들의 성공을 제한할 수도 있다. 그러나 이 두 가지 모두는 기본적으로 고객을 존중하지 않는 행위이다. 코칭 관계에서 책임과 관련된 질문에는 다음과 같은 것이 있다.

- "이제 어떻게 하실 생각입니까?"
- "언제 또는 얼마나 오래 하실 생각입니까?"
- "~했다는 것을 제가 어떻게 알 수 있습니까?"

그렇다면 이런 질문은 영업 상황에 어떻게 적용할 수 있을까? 고객이 아직 결정을 내릴 준비가 되어 있지 않더라도, 코칭 영업을 하고 있는 영업인은 고객이 결정에 좀 더 가까이 다가갈 수 있도록 도와줄 필요가 있다. 만약 고객이 당신을 금융 컨설턴트로 고용할지 말지 확신이 서지 않는다면, 당신은 결정을 내리도록 하기 위해 무엇을 파악하고 조사해야 할까? 고객이 망설임에서 벗어나고 당신도 시간을 낭비하지 않기 위해서는 어떤 행동을 해야 할까?

영업인이라면 자신과 고객의 시간과 에너지를 절약하기 위해서라도 고객에게 이런 질문들을 현명하게 할 수 있어야 한다. 그리고 고객이 아직 어떻게 결정해야 할지 몰라도 괜찮다는 인상을 주어야 한다. 단, 결정에 더 가까이 다가가는 방법을 찾는 것이 고객과 영업인 모두에게 가장 큰 관심거리가 되어야 한다.

진정한 영업인은 고객을 존중하면서도 솔직하게 책임을 요청하는 것을 주저하지 않는다. 이들은 이러한 행동이 결정을 내리는 데 관련된 모든 사람에게 만족감을 준다는 것을 것을 알고 있다. 또한 결정을 내리는 데 있어 고객의 시간을 존중하며, 그 결정이 자신에게서 상품을 구매하지 않는 것이라고 해도 두려워하지 않는다. 아울러 기회가 많다는 것을 믿으며, 설사 궁극적인 대답이 "노"라고 하더라도 고객을 결정으로 이끄는 것이 자신의 경력과 수익에 도움이 된다는 점을 잘 알고 있다.

'결정' 단계는 3D 코칭 모델에서 가장 쉽게 실행할 수 있는 것처럼 보일지도 모른다. 실제로 이 장은 가장 짧기도 하다. 이 시점에서는 이미 해야 할 일은 다 했으므로 결정은 그렇게 큰 문제가 아니다. 당신은 지금까지 문제를 명확하게 밝히고 3D 코칭 모델 중 두 단계 내내 '시험적인 계약'을 해왔다. 이 단계에서 당신의 주요 목적은 고객이 실행으로 나아갈 수 있도록 구체적인 도움을 주는 것이다.

## 코칭 vs 전통적 영업

코칭 영업 모델의 '결정' 단계와 전통적 영업 접근법은 다음과 같은 공통점을 가지고 있다.

- 둘 다 고객에게서 "예스", "노" 또는 "어쩌면"이라는 결정을 끌어내려 한다.
- 둘 다 계약을 하려는 시도이다.

- 둘 다 구체적인 결정을 원한다.

반면 코칭 영업 대화의 '결정' 단계와 전통적 영업 접근법의 차이점은 다음과 같다.

- 영업인과 고객 사이의 협조 수준
- 고객으로 하여금 최고의 결정을 스스로 발견하게 하는 수준
- 영업인의 에너지 소모량

이제 이들 각각을 좀 더 자세히 살펴보자.

## 1_ 영업인과 고객 사이의 협조 수준

코칭 영업 대화의 모델은 공동 협조와 책임을 중시한다. 기존의 영업 접근법과 심지어 컨설팅 영업 상황에서도 이른바 '계약 시도'라고 불리는 행동을 한다. 영업인은 계약 시도 중에 고객이 구매할 것인지 아닌지를 결정하고, 이들이 구매를 결정할 수 있도록 노력해야 한다. 코칭 영업 모델에서 영업인은 자신의 고객에게 가장 좋은 방식으로 계약을 맺을 수 있는 기회를 준다. 또한 영업인에게는 언제 계약을 성사시키고 문제를 재논의해야 하는지, 언제 다음 고객으로 넘어가야 하는지를 파악하게 해준다.

일부 순진한 코칭 전문가들은 책임과 예측 가능한 실행 계획으로 상대

방이 앞으로 나아가도록 돕는 것이 대부분의 코칭 훈련 프로그램이라는 사실을 나중에야 깨닫는 경우도 있다. 영업 상황에 코칭을 적용할 때와 순수 코칭을 할 때 유일한 차이점이 있다면, 고객이 당신의 상품이나 서비스를 구매하겠다고 결정하면 영업인에게 이익이 돌아온다는 점이다.

우리 저자들의 의견에 따르면, 이것을 실현 가능하게 만드는 요소는 '진실성'이다. 영업인이 진실성을 가지고 임한다면 고객의 응답은 그에 걸맞은 것이 될 것이다. 반면에 영업인이 진실성을 가지지 않는다면, 이 책에서 우리가 제시하는 접근법 자체에 흥미를 느끼지 못할 것이다. 마음먹기에 따라서는 쉽고 효과적으로 사람들을 조작하는 방법이 있지만, 우리가 제시하는 모델은 고객과 함께 지속적으로 협력하고 노력함으로써 공동으로 결과를 창출하는 것이 핵심이다.

## 2_ 고객으로 하여금 최고의 결정을 스스로 발견하게 하는 수준

일부 영업인들은 이 개념을 이상하게 여길 수도 있겠지만, 우리는 고객을 강요하지 않고 가이드해서 스스로 판단하게 하는 결정이야말로 가장 확실하고 유익한 결정이라고 생각한다. 당신의 고객은 당신이 문외한인 어떤 분야에서 전문가일 수도 있다. 그들은 자신의 삶에 무엇이 가장 좋은 선택인지 당신보다 더 잘 알고 있다. 코치이자 이 책의 저자인 우리는 고객에게 제공할 것들을 많이 가지고 있다고 생각한다. 그러나 우리가 제공하는 것이 모든 사람에게 최상일 것이라고 단정 지을 수는 없다. 사람들이 필요로 하는 것은 저마다 너무 다르기 때문이다. 노련한 코치는 자신이 모르는 것이 너무 많다는 것을 알 정도로 겸손하다. 고객은 살면서 끊임없이 구매 결정을 해야 한다. 코칭 영업 모델을 따르는 전문가라면 고객이 구매 결정을 스스로 내리는 순간에만 책임과 판단을 갖기를 바랄 것이다.

이 말은 무슨 의미일까? 우리는 분명히 상품과 서비스에서 오는 이익을 공유해야한다는 생각을 지지해왔다. 그것은 당신에게 수동적이 되라고 요구하는 것이 아니다. 그보다는 일단 당신의 상품과 고객의 니즈에 맞추어 안내하고 나면 고객에게 그것을 사도록 설득하거나 강요하지 말고 한 발 뒤로 물러나 있으라는 말이다. 예를 들어, 전통적인 영업 기법 중에 이른바 '가정 질문'이라는 것이 있다. 가정 질문이란 고객이 이미 당신의 서비스나 상품을 구입하기로 결정했다는 가정을 토대로 질문하는 것이다. 당신이 고객에게 당신의 코칭 서비스를 팔려고 시도 한다고 상상해보자. 그때의 가정 질문은 대략 다음과 같을 것이다.

- "그럼 저와 함께 언제 코칭을 시작하고 싶으십니까?"
- "저는 다음 주 화요일 아침에 정해진 일정이 없습니다. 고객님과 그때 코칭을 시작할 수 있으면 좋겠군요. 그때 시간이 되십니까?"
- "이 코칭 관계가 고객님께 아주 좋은 결과를 가져오리라 확신합니다. 당장이라도 시작하고 싶군요."

이런 '가정 질문'은 어떤 유형의 고객에게는 효과적일 수도 있다. 그러나 이 책의 초반에 언급했듯이, 지금 우리는 훨씬 더 회의적이고 세련된 고객들을 대하고 있다. 그들은 구매를 강요받고 싶어하지 않으며, 자신을 조작하려 한다고 느끼면 밀어내거나 아예 떠나버린다. 어쩌면 지금이야말로 훨씬 더 고객을 존중하는 영업의 시대가 도래한 것이다. 동일한 상황에서 코칭 영업 접근법을 예로 들면 다음과 같다.

- "저와 고객님이 함께 코칭을 한다는 것을 어떻게 생각하십니까?"
- "고객님의 코치 선택을 도와드리기 위해서 이야기할 수 있는 다른 방법으로는 무엇이 있을까요?"
- "저와 함께 일하게 되면 아주 즐거우실 겁니다. 고객님도 같은 기분을 느끼셨으면 좋겠군요. 하지만 제일 중요한 것은 고객님께서 본인에게 가장 잘 맞는 코치를 선택하시는 것입니다. 이에 대해 논의하는 일이 불편하지 않으면, 제가 함께 코칭을 하는 것에 대해 어떻게 생각하시는지요?"
- "코칭 서비스에 대한 결정을 내리실 때 필요한 것은 무엇입니까?"

이런 질문들 역시 고객이 구매 결정을 내리도록 이끌고 있다는 것을 눈치챘는가? 당신이 자신의 시간을 소중히 여기고 자신의 상품이나 서비스를 믿는다면, 고객이 구매에 대한 결정을 내릴 수 있게 돕는 것을 주저하지 않을 것이다. 우유부단함은 누구에게도 도움이 되지 않는다.

## 3_ 영업인의 에너지 소모량

속임수를 쓰거나 설득을 할 때 저항감이 강한 고객을 만나면 막대하

에너지가 소모될 수 있다. 3D 코칭 모델과 영업 과정에서 얻는 강력한 부가적 이익 중 하나는, 저항감을 일으키는 경향이 아주 적다는 것이다. 잘만 진행하면 코칭 영업 모델은 친구와 서로 배려하듯 대화를 나누는 것과 비슷하다. 다만 해결책에 좀 더 집중할 뿐이다. 이 모델을 사용하면 영업인들이 설사 계약이 성사되지 않는 상황에서도 활력이 넘치는 것을 숱하게 볼 수 있었다. 코칭이 제2의 천성이 되면 고객을 진정으로 도와주기 위해 노력한다는 경험 자체가 당신에게 보람을 줄 것이다.

당신은 영업인으로서 자신의 성공을 얼마나 확신하는가? 거절당하는 것이 두렵고 가능성 있는 고객이 없을 것 같다는 느낌이 드는가?

코칭 영업 모델을 따르려면 영업에 대한 신념을 가져야 한다. 이 과정을 따르고 잘해낼 수 있다는 믿음을 가져라. 확신이 있으면 이 과정에 집중할 수 있고 올바로 일할 수 있다. 우리의 경험상, 이때부터 재정 형편이 나아지기 시작한다. 우리가 제시한 모델을 따르면 사람을 만나는 일과 자신의 삶에서 매일 활력이 넘칠 것이다. 그러면 영업의 기회가 생겼을 때 그 에너지는 최고조에 달할 것이다. 이제 '결정' 단계에서 당신을 그렇게 만들어줄 모델을 자세히 살펴보자.


## 결정을 위한 모델

코칭 대화에서 고객이 '결정' 단계를 거치도록 가이드하는 모델을 머리글자를 따서 CAT라고 하며, 다음 세 가지 부분으로 이루어져 있다.

- **협력적인 계약 체결**(Collaborative close): 결정이 이루어졌는지 여부를 알아보는 것

- **행동 단계**(Action step): 고객이 확실하게 약속할 수 있게 가이드하는 것

- **시기 선택과 사후 관리**(Timing & follow up): 단계의 진전을 확고히 하기 위한 계획을 짜는 것


## 1_ 협력적인 계약 체결

협력적인 계약 체결은 고객과의 협력적인 관계 형성을 막는 장애물을 파악하는 동안, 고객의 구매 결정을 판단하는 방법이다. 대부분의 코칭 과정과 마찬가지로 협력적인 계약 체결은 진술보다는 질문에 바탕을 두고 있다. 협력적인 계약 체결에 대한 질문으로 다음과 같은 것이 있다.

- "지금까지 우리가 논의한 것에 대해 고객님께서도 동의하십니까?"

- "지금까지 고객님의 목적과 해결책을 위해 논의했던 것에 대해 어떻게 생각하십니까?"

- "고객님이 적합한 결정을 내릴 수 있기를 진심으로 바란다는 점을 알아주셨으면 합니다. 그렇다면 다음 단계로 어떤 일을 하는 것이 좋다고 생각하십니까?"

이에 대한 대답이 "노" 나 "결정하지 못했습니다" 이거나 당신이 코칭 과정에서 무언가를 빠뜨렸다는 생각이 들면, 대화의 '발견' 단계로 돌

아가야 한다. '발견' 단계로 되돌아가기 위한 예시는 다음과 같다.

- "분명히 제가 무언가를 빠뜨린 것 같습니다. 이 상품에 대한 고객님의 생각을 좀 더 알고 싶습니다. 이번 구매에 장애가 되는 것이 있다면 무엇입니까?"

당신의 상품이나 서비스가 그 고객에게 최고일 것이라는 믿음에도 불구하고, 고객이 다른 것을 선택하려 하거나 결정을 내리지 못하는 이유로는 여러 가지가 있다. 아래에 "구매를 꺼려하시는 이유가 무엇입니까?" 라는 질문에서 나올 수 있는 답과 당신이 할 수 있는 코칭 질문을 표로 만들어놓았으니 참고하기 바란다.

| 구매 결정의 장애물 | 코칭 질문 |
| --- | --- |
| 가격이 너무 높음 | "가격에 대해 합의할 수 있다면, 또 어떤 문제가 고객님을 막을 것 같습니까?" |
| 시간 | "시간이라는 이슈를 어떻게 해결할 수 있을 것 같습니까?" |
| 배우자 | "두 분께서 이 문제에 대해 같은 의견을 가질 수 있도록 제가 어떻게 도와드릴 수 있겠습니까?" |
| 아직 결정 할 수 없음 | "구매 결정을 내리는 데 가장 고민이 되는 것은 무엇입니까?" |
| 결정하기 전에 만나기로 한 영업인이 있음 | "그 영업인과 만난 후 저에게 다시 논의할 기회를 주시면 어떻겠습니까?" |
| 당신이 마음에 들지만 현재의 영업인에게 충실해야 함 | "고객님이 최상의 서비스를 추구하면서도 그 영업인에게 충실할 수 있는 또 다른 방법이 없을까요?" |

당신이 얼마나 편하게 이런 후속 질문을 받아들일 수 있는지 판단해 보기 바란다. 이 질문들은 고객에게 구매를 강요하기 위한 것이 아니다. 오히려 고객이 최고의 결정을 내리도록 돕기 위한 것이다.

그렇다면 이러한 질문이 이기적인 목적으로 오용될 수도 있을까? 물론이다! 바로 그렇기 때문에 당신의 철학과 마음을 점검할 필요가 있는 것이다. 이것을 판단할 수 있는 사람은 당신뿐이다. 하지만 반대편에는 수익을 거두고자 하는 마음 자체가 잘못이라는 사람들도 있다. 우리는 고객들을 자기 방식대로 조종하려 하지 않고 그들이 가진 장애물을 진정으로 해결하고자 할 때만 윈윈win-win이 가능하다고 믿는다.

하지만 그들의 장애물에 도전하지 않으면 잘못된 구매 결정을 내리도록 고객을 조종할 수도 있는 다른 영업인들에게 기회를 넘겨주는 셈이 된다. 위의 코칭 질문들은 고객이 장애물을 드러내서 스스로 이성적이고 현명한 결정을 내리도록 해준다.

1) 무관심, 회의주의, 진정한 장애물

고객이 "노"라고 답하거나 결정을 주저하는 데는 세 가지 주된 이유가 있다. 그 고객은 무관심하거나, 회의적이거나, 당신의 해결책을 따르지 못할 만한 진짜 문제점이 있는 것이다. "노"라는 대답은 사실일 수도 있고, 감정적일 수도 있다. 고객이 무관심하다면, 당신이 우리의 3D 코칭 모델을 제대로 따르지 않았을 가능성이 높다. 우리가 제시한 모델을 충실히 따랐는데도 그렇다면, 고객의 구매 결정을 이끄는 감정이 무엇인지 알아내 그것을 제대로 처리해야 한다. 고객이 무관심하다면, 모델을 처음부터 다시 시작하되 좀 더 면밀하게 해야 한다.

고객이 회의적이라면 그의 마음속에서 어떤 두려움이 스멀스멀 올라오고 있는 중일 것이다. 이런 경우 당신이 할 일은 그 두려움을 극복할 수 있도록 충분히 배려하는 것이다. 그리고 시간을 들여 고객이 무엇을 우려하는지 인정하고 드러내게 해야 한다. 고객과 문제를 해결하는 것은 구매를 이끄는 방식이면서도 잠재적 두려움을 처리하게 해준다.

예를 들어 친구로부터 서비스를 제공받고 있는 사람에게 동일한 서비스를 판매하려는 경우라면 당신은 무엇을 하겠는가? 그 고객은 당신과 계약하면 친구에게 신의를 지키지 못하는 것이라고 생각한다. 풋내기 영업인들은 대개 우정과 비즈니스를 구분해야 한다며 강한 주장을 펼친다. 당연히 그 결과는 실패로 끝날 것이다. 우리가 제시하는 모델에서 당신의 목적은 고객이 친구에게 계속 충실하면서도 당신과 비즈니스를 할 수 있는 방법을 찾는 것이다. 고객이 가치 있게 여기는 것과 맞서려 하지 마라. 그보다는 그가 문제를 다른 방식으로 바라보고, 그 상황을 해결할 수 있게 협력하라. 그러기 위해서는 당신과 고객 모두 창의적이면서도 틀에서 벗어난 생각을 해야 할 필요가 있다.

마지막으로, 당신의 상품이나 서비스를 구매하지 못하는 진짜 문제점이 있는 경우, 당신은 도와 구매 결정에 대해 편하게 생각할 수 있도록 만들어주어야 한다. 그런 상황은 영업인으로서는 부적절한 일이지만, 고객을 진정으로 배려한다는 것을 보여주는 것이다. 그리고 당신과 고객 모두 잘못된 일을 하는 것이 아니라 그저 상황이 들어맞지 않고 있음을 알리는 것이다. 당신은 단지 계약을 성사시키려고 만나는 것이 아니라 그가 최고의 구매 결정을 내리도록 도와주고자 만나는 것임을 강조해야 한다. 물론 이런 논의가 있은 후 각자 갈 길로 가기 전이 바로 고객에게 소개를 부탁할 수 있는 적기이기도 하다.

이 책의 앞부분에서 자신의 상품을 구매하려던 내 의욕을 꺾은 금융 컨설턴트에 대한 이야기를 떠올려보자. 그는 구매를 강요하지 않음으로써 나의 추천을 통해 열 배가 넘는 수익을 거두었다. 이처럼 영업을 하는 과정에서 성실함과 진실성을 유지하면 성공 확률을 크게 높일 수 있다.


### 2) 비언어적 태도의 중요성

당신을 이끌고 있는 것이 당신의 진실성인지 아니면 이기심인지를 판단하는 방법으로 비언어적 패턴을 살펴보는 것이 있다. 당신이 고객을 위한 최고의 결정을 진정으로 추구하고 있다면, 당신은 에너지가 넘치고, 평화로우며, 그 상황에 몰두하고, 인내심을 발휘할 것이다. 반면 이기심이 개입해 있다면, 당신은 짜증과 조바심을 내고 고객에게 압력을 넣는 발언을 하며 고객을 통제하고 싶어 할것이다. 당신의 몸에서 드러나는 신호를 빠르게 점검해보면 당신이 어느 쪽인지 알 수 있다. 당신 자신에게 '내 몸이 지금 올바른 기분을 느끼고 있는가?', '나는 비언어적 태도로 내 고객에게 무엇을 보여주고 있는가?'를 물어보라.

구체적인 예를 들어보겠다. 당신이 금융 컨설턴트이고 순자산 규모가 아주 큰 고객과 만났다고 가정해보자. 당신은 코칭 과정을 잘해내고 있다고 생각했지만, 만남이 끝날 무렵이 되자 고객이 갑자기 어떤 결정을 내려야 할지 모르겠다고 말한다. 당신은 그 이유가 수수료 구조와 관련 있을 것이라고 생각하고, 그것을 지금 드러내 장애물을 처리하고 싶다. 이런 상황에서 고객을 코칭하여 결정에 이르도록 할 수 있는 대화는 다음과 같다.

**컨설턴트** "제가 중간에 빠뜨린 점이 있나 봅니다. 이 구매를 보는 고객님의 관점을 제가 이해할 수 있으면 좋겠군요. 거래를 더 진행하는 것을 꺼리시는 이유가 무엇입니까?"

**고 객** "그냥, 말씀하신 수수료 정책이 좀 걸려서요. 지금까지는 거래가 성사되었을 때에만 수수료를 지불했거든요."

**컨설턴트** "알겠습니다. 고객님께서 저희가 제시하는 방식을 편하게 느끼시기를 바라는 마음에 질문을 드리고 싶은데, 그 수수료 정책에서 특히 우려하는 바가 무엇입니까?"

**고 객** "금전적으로 말이 안 되는 것 같다는 생각이 듭니다. 마치 저를 위해 아무것도 하지 않고 제 돈을 빼가는 느낌이거든요."

**컨설턴트** "솔직하게 말씀해주셔서 정말 감사합니다. 서비스를 제공하지도 않고 돈을 빼가는 컨설턴트라면 마땅히 멀리해야죠. 수수료 방식에서 고객님이 받으실 혜택으로 어떤 것이 있는지 알고 계십니까?"

**고 객** "한 번도 해본 적이 없으니 어떤 혜택이 있는지 모르죠."

**컨설턴트** "충분히 그러실 수 있죠. 제가 고객님들께 늘 말씀드리는 거지만, 저는 수수료 방식에 관해 고객님과 제가 같은 의견에 도달할 수 있다고 확신합니다. 고객님과 저는 고객님의 돈을 관리하면서 가까운 파트너가 될 테니까요. 고객님이 돈을 덜 버시면, 저도 돈을 덜 벌게 됩니다. 이것이 고객님께 어떤 영향을 끼치리라 생각하십니까?"

**고 객** "글쎄요, 당신들은 돈을 좋아하니까, 제 포트폴리오가 계속 성장하는 것이 당신에게 동기부여가 되겠지요."

**컨설턴트** "그렇습니다! 이런 구조에서 제가 무슨 이유로 고객님의 돈에 관심을 기울이지 않고 돈이 줄어들게 만들겠습니까?"

**고 객** "당연히 그럴 이유가 없겠네요."

**컨설턴트** "그럼 이번에는 고객님을 위해 주문서를 작성할 때마다 수수료를 받는 사람과 비교해보는 게 어떻겠습니까? 그 사람은 고객님이 돈을 벌든 그렇지 않든 동일한 금액을 받습니다. 과연 어떤 관계에서 고객님이 돈을 버실 수 있도록 미리 미리 대책을 강구하는 사람이 나올까요?"

**고 객** "무슨 말씀이신지 알겠어요."

**컨설턴트** "네, 고객님께서 제 말뜻을 알아주시기를 바랐습니다만, 더 중요한 것은 고객님이 어떤 결정을 내리시든 고객님의 마음이 편하셔야 한다는 점입니다. 고객님의 결정을 도울 수 있도록 고객님과 제가 논의할 또 다른 사항이 있을까요?"

이 금융 컨설턴트가 고객이 우려하는 바를 코칭하지 않았다면 백발 백중 이 거래는 성사되지 않았을 것이다. 코칭은 언제나 100% 성공을 보장하지는 않는다. 하지만 당신의 계약 성공률을 최소 10~20%만 높여 준다고 해도 그 영향이 얼마나 클지 한번 생각해보라!

## 2_ 행동 단계

CAT 과정의 다음 몇 단계는 아주 간단하다. 고객의 결정이 "예스" 인 경우에는 고객이 당신의 서비스를 원한다는 것이며, 당신은 무엇을 해야 할지 이미 정확히 알고 있다. 고객이 결정을 내리거나 거절 의사를 밝힐 때마다 당신은 항상 그다음 단계를 마련해두고 고객이 행동하게 해야 한다.

만약 고객의 결정이 "노"라면, 대부분의 영업인들은 그 고객을 명단에서 지워버리거나 "고객님의 니즈가 달라질지도 모르니 조만간 다시 한 번 연락을 드려도 되겠습니까?" 와 같이 질문할 것이다. 그러나 이런 상황을 더 잘 처리할 수 있는 방법도 있다. 행동 단계로 넘어가기 위해 던질 수 있는 코칭 질문으로는 다음과 같은 것들이 있다.

- "고객님께 언제 다시 연락을 드리면 좋겠습니까?"
- "고객님의 결정을 돕기 위해 노력하는 동안 고객님은 무엇을 하시겠습니까?"
- "제가 고객님의 결정을 어떻게 도와드릴 수 있을까요?"
- "이 문제에 대해 깊이 생각해보셨겠지만, 다시 한 번 검토해보시고 나서 약속을 잡는 것은 어떻게 생각하십니까? 다음 주 이 시간은 어떻습니까?"

그런 다음 후속 조치를 위해 스마트폰이나 달력에 표시를 해둔다. 사후 관리가 미흡하다는 것은 영업인에게는 죽음과 같고 실행하지 않으면 영업인의 미래는 끝난 것이다. 실제로 우리는 영업인들이 형편

없는 사후 관리로 인해 중요한 기회를 놓쳐버리는 경우를 너무나 많이 봐왔다. 당신에게 맞는 시스템이라면 무엇이든 좋다. 중요한 것은 당신의 실행 계획이 완성되었다는 것을 확실히 할 수 있는 시스템을 갖추는 것이다.

## 3_ 시기 선택과 사후 관리

CAT 과정의 마지막 단계는 당신이 속한 업종과 본사의 지원 여부에 따라 달라진다. 만약 회사 내의 다른 사람들이 당신을 위해 사후 관리를 한다면 여기서 말하는 내용은 적용되지 않을 수도 있다. 그러나 대부분의 사람들에게 시기 선택과 사후 관리는 영업 과정에서 중요한 단계이다. 계약서에 서명을 하고 나서 고객을 당신의 지지자로 만들고 싶을 때 가장 좋은 방법 중 하나는 아래와 같은 간단한 질문으로 사후 관리 과정을 계속 확인해보는 것이다.

- "모든 것이 문제없이 진행되고 있습니까?"
- "제가 아직 생각지 못한 것 중에 고객님을 위해 해드릴 수 있는 일이 있을까요?"
- "향후 필요로 하시는 것을 점검하기 위해 다시 한 번 이야기를 나누면 어떨까요?"

이렇듯 CAT 과정에서는 협력적인 계약을 체결하고 실행 계획을 짜고 시간을 선택하고 사후 관리 문제를 파악한다. 이 과정을 통해 당신은 고객이 3D 코칭 모델의 '결정' 단계를 거치도록 가이드하고, 고객 자신을 위해 최상의 결정을 내리도록 유도하게 된다. 이 과정에서 당신은 고객이 주저하는 것을 보기도 하고, 이들에게서 언어적 도발을 받을 수도 있다. 따라서 고객의 거절을 다룰 수 있는 코칭 도구를 살펴볼 필요가 있다.

## 코칭 도구: APPA

3D 코칭 영업 모델에서 마지막으로 소개할 코칭 도구는 APPA로 다음의 약자이다.

- Acknowledge 인정
- Pursue 추적
- Provide 제공
- Acceptance 수용

APPA는 영업인이 고객의 반대/이의에 대응하도록 도와주는 대화 구조이다. 간단하기 때문에 잘 기억했다가 고객이 반대/이의, 의문, 의심을 표현할 때 실행할 수 있다. 무관심, 회의주의, 진정한 장애라는 세 가지 우려 사항을 기억하는가? APPA는 회의적이지만 당신의 상품이나 서비스가 고객에게 도움이 되리라는 확신으로 결정적 야드를 넘으려 할 때 사용한다.

## 1_ 인정

신참 영업인은 방어적인 태도로 고객의 거절에 대응하며 고객과 싸우는 경향을 보인다. 반면에 노련한 영업인들은 거절을 할 때 이를 이해하는 태도를 보인다. 이들은 고객과의 상호작용에서 일어나는 긴장을 풀기 위해 두려움과 잠재적인 고통을 인정하고, 고객의 말에 공감한다. 인정이란 단순히 말해 고객의 이의를 방어적이지 않은 태도로 받아들이고, 고객의 망설임을 진정으로 이해한다는 것을 표현하고 반영하는 것이다. 예를 들면 다음과 같다.

"고객님께서는 계약 기간에 대해 우려하시는 것 같습니다. 충분히 이해할 만한 일입니다. 저로서는 이 조건이 고객님께 왜 좋은지, 고객님과 함께 확인할 수 있는 좋은 기회로 여기겠습니다."

## 2_ 추적

추적이란 고객의 정서를 인정한 후, 그런 우려사항을 추적함으로써 약식으로 '발견' 단계를 한 번 더 해보는 것이다. 고객이 가지고 있는 '진짜' 반대/이의가 무엇인지를 판단하기 위해서는 다음과 같은 강력한 질문을 던지면 된다.

"○○에 대해 고객님이 무엇을 우려하시는지 저에게 말씀해주실 수 있겠습니까?"

이런 질문을 던지면 고객은 이 과정의 앞부분에서 떠오르지 않았던 장애물을 스스로 발견할 수 있다. 고객을 존중하는 방식으로 고객이 좀 더 본심에 가까워지도록 도와줌으로써 주된 장애물이 무엇인지 알아낼 수 있다.

## 3_ 제공

장애물을 발견했다면 이제는 해결책을 제공할 차례이다. 고객과 함께 논의해 해당 문제에 대한 답을 내놓거나 문제를 다른 방식으로 들여다보아야 한다. 예를 들어, 가격에 대해 우려한다면 고객의 관심을 그 금액을 썼을 때 돌아오는 가치로 돌리는 것이다. 이때 고객과의 상호작용은 이 모델의 '논의' 단계에서 사용했던 것과 같은 방식을 유지한다.

## 4_ 수용

코치는 실행으로 대화를 끝낸다. 그러니 고객과 함께 구체적인 실행 단계를 창출하기 위해 노력하라. 고객의 이의를 잘 처리했다면 고객은 구매 결정을 수용할 만한 수준에 이르렀을 것이다. 이때 할 수 있는 질문은 "고객님이 우려하신 바를 제가 충분히 처리해드렸는지요?" 정도로, 다른 장애물이 없는지 확인하는 것이다. 그러고 나면 구체적인 다음 단계로 넘어가 3D 코칭 모델의 '결정' 단계를 끝맺도록 한다.

이렇게 간단한 모델을 활용하면 구매 결정에 영향을 미치는 고객의 반대/이의를 처리할 수 있다. 당신의 서비스나 상품을 구매하는 것이 고객을 위해 진정으로 최고의 방법이라면, 당신은 장애물을 모두 제거하고 계약을 성공할 수 있을 것이다.

**실행 과제 1**  "No" 라고 말하거나 결정을 주저하는 고객 다루기

3D 코칭 모델의 '결정' 단계에서 당신의 역량을 강화하는 데 도움을 줄 수 있는 다음의 질문에 대답하라.

**1.** 최근에 "아니오" 나 "아직 결정을 하지 못했습니다" 라는 대답을 들은 몇 가지 상황을 적어보라.

___________________________________________

___________________________________________

**2.** 코칭 모델을 사용하면서 그 상황을 어떤 다른 방법으로 다룰 수 있을 것 같은가?

___________________________________________

___________________________________________

**3.** 계약을 따낼 가능성을 되찾기 위해 우리가 할 수 있는 일은 무엇인가?

___________________________________________

___________________________________________

**4.** 미래에는 이 정보를 어떻게 이용할 수 있는가? 그리고 이를 기억하고 실행할 수 있

---

---

## 실행 과제 2  협력적인 계약 체결

협력적인 계약 체결을 위해 당신이 사용할 질문을 만들어보라. '무엇'으로 시작하는 두 개의 질문과 '어떻게'로 시작하는 두 개의 질문을 만들어보라.

**1.** 무엇　_________________________________

**2.** 무엇　_________________________________

**3.** 어떻게　_____________________________

**4.** 어떻게　_____________________________

## 실행 과제 3  비언어적 커뮤니케이션

거울 앞에서 당신이 하는 커뮤니케이션을 연습해보라. 미소와 같은 것을 연습하는 대신에 실행이나 타이밍, 사후 관리 등으로 넘어가며 협력적인 계약 체결을 위해 코칭 질문을 하는 자신을 관찰하라. 이 연습을 하면서 다음과 같은 질문을 해보라.

**1.** 자신을 소개하는 방법 중 내가 정말로 좋아하는 것은 무엇인가?

**2.** 다른 방법으로 하기 위해 혹은 더 나은 방법으로 하기 위해 무엇을 하고 싶은가?

**3.** 어느 정도까지 진정한 내가 표현되고 있는가? 나는 얼마나 진실하게 보이며 이 과정에서 내가 누구인지를 어떻게 하면 더 많이 보여줄 수 있는가?

# 다음 단계로 도약하기

6장. 자신감: 내일의 성공을 위한 연료

7장. 다음 단계: 코치 되기

# 자신감:
# 내일의 성공을 위한 연료

— • • • —

"제아무리 똑똑하고 영리한 사람이라도 온전한 정직함과 도덕적인
용기가 없으면 결코 그의 부하나 동료들의 신뢰를 얻지 못한다."
: J. 로튼 콜린스(Lawton Collins)

"나는 가장 위대하다. 나는 가장 위대하다는 사실을 알기 전부터
내 입으로 이렇게 말했다."
: 무하마드 알리(Muhammad Ali)

## | 개요 |

결정적 야드를 넘는 법을 완벽히 습득하고 코칭 영업을 할 수 있는
사람으로 변화하기 위해서는 자신감을 가져야 한다. 자신감은 효과적
인 영업인이 되기 위한 연료이다. 하루 종일 난제를 다루고, 고객이 강
력하게 "노"라고 말해도 끈기를 유지하고, 고객을 다루는 창의적인 방
법을 끊임없이 발견하는 것은 기술이 매우 뛰어난 영업인에게도 아주
힘든 일일 수 있다. 코칭 영업 접근법을 적용하기 위해서는 자신감 넘
치게 살아야 한다. 이 장에서는 자신감을 키우기 위한 다섯 가지 접근
법에 대해 알아볼 것이다.

언젠가 아주 큰 금액이 걸려 있는 거래가 있었다. 나는 그 거래가 성사되기를 간절히 원했다. 나는 고객과 두 번을 면담했고, 그들은 의사소통, 자신감, 코칭 기술 분야에서 6개월짜리 대규모 프로그램을 원했다. 그들은 우리 코치 그룹이 훈련 프로그램을 개발하고 그들의 핵심 직원들을 코칭하는 데 따르는 모든 것을 제공해주기를 바랐다. 너무나 좋은 기회였다.

두 번째 면담에서 나는 그 회사의 CEO, COO, 영업 담당 부장, HR 부장을 만났다. 그들은 모두 강인하고 상대에게 은근히 겁을 주는 유형이었다. 나는 일단 숫자에 압도되었고, 그들은 열정적인 목소리와 표정으로 번갈아가며 나에게 다음과 같은 질문을 퍼부었다.

- "우리가 좋은 결과를 얻으리라는 것을 어떻게 확신할 수 있습니까?"
- "당신 회사의 업무 능력을 어떻게 보장하시겠습니까?"
- "우리는 당신 회사 외에도 세 군데와 더 접촉 중입니다. 당신 회사의 비용이 가장 비싼데, 우리가 당신 회사와 계약해야 하는 이유는 무엇입니까?"

아무리 내가 훈련 과정을 거쳤다 하더라도 이 정도 크기의 계약을 할 때 수수료를 낮추고 싶어지는 것은 어쩔 수가 없었다. 하지만 나는 그보다 더 좋은 방법을 알고 있었다. 그래서 그들의 질문에 대답하기 전에 나 자신에게 이렇게 질문을 던졌다.

- '좋은 결과를 얻으리라고 나 100% 믿고 있는가?'
- '이들에게 어떤 종류의 보장을 제시할 수 있는가?'
- '더 낮은 비용으로 비슷한 서비스를 제공할 회사가 있는데도 이들이 우리의 서비스를 택해야 하는 이유는 무엇인가?'

나 자신에게 던진 질문에 대한 대답은 매우 중요했다.

- '우리 회사의 프로그램을 거친 고객들은 언제나 좋은 결과를 얻었다. 그러니 이들도 좋은 결과를 얻으리라는 것을 나는 전적으로 믿는다. 나는 우리 회사의 서비스가 효과가 있다는 것을 잘 알고 있다!'
- '내가 이들을 돕지 않는다면, 누가 돕겠는가? 나는 고객의 돈을 원하지 않는다. 나는 이번 프로그램에서 고객들이 자신의 역할만 충분히 해준다면 좋은 결과를 얻으리라고 보증할 수 있다. 거기에 대해서는 아무 문제도 없다!'
- '더 낮은 비용으로 비슷한 서비스를 제공하는 회사가 있는데도 고객이 우리의 서비스를 택해야 하는 이유는 무엇인가? 다른 회사를 선택하면 그럴듯한 결과를 얻을 수도 있고 형편없는 결과를 얻을 수도 있을 것이다. 하지만 나는 고객을 도울 수 있다는 확신을 가지고 있다. 다른 회사도 그런지는 알 수가 없다. 나는 고객에게 그런 위험을 무릅쓰게 하고 싶지는 않다.'

나는 머릿속으로 재빨리 질문들에 대한 답을 검토한 후 자신감을 가지고 고객에게 제시했다. 물론 나는 계속해서 코칭 모델을 사용함으로써 고객의 관점과 니즈를 놓치지 않았다. 그러면서도 우리 회사가 그 일을 할 수 있을 것이라는 사실에 대해 조금의 의심도 가지지 않았다. 그렇다고 오만함을 보인 것은 아니었고, 설득과 확신으로 그들과 정보를 공유했다.

프로그램을 마친 후, 우리는 매우 좋은 조건으로 장기 계약을 맺고 수년 동안 함께 일하게 되었다. 나는 그 첫 프로젝트가 끝날 무렵 CEO에게 왜 다른 회사들을 제치고 우리 회사를 선택했는지 물었다. CEO는 다른 코칭 제공자들에게 결과, 보장, 가격에 대한 세 가지 질문을 했을 때 몹시 당황해했기 때문에 우리를 택했다고 대답했다. 그는 내 눈을 똑바로 바라보면서 덧붙였다.

"우리는 자기가 무슨 일을 하는지 잘 알고 있는 사람을 원했죠. 우리는 당신이 자신감이 있었기 때문에 선택했습니다."


## | 원칙 |

연료를 제대로 공급하지 않아도 자동차가 잘 굴러다닐 것이라고 생각한다면 큰 오산이다. 기름이 모자라면 경고등이 켜지는 것은 누구나 알고 있다. 이런 경고등이 켜지면 당신은 반응을 보이는가?

비슷한 기술 수준을 지닌 영업인 두 명이 경쟁하는 상황에서, 어느 쪽이 결정적 야드를 돌파하고 어느 쪽이 돌파하지 못하는지는 자신감이 좌우한다. 연료 탱크에 연료가 적게 들어 있는 쪽은 빨리 고갈될 것이고, 시간을 들여 연료 탱크를 가득 채운 쪽은 더욱 활기차게 이득을 얻는 방향으로 나아갈 수 있다.

당신에게는 에너지가 너무 고갈되어 재충전이 필요할 때 그것을 알려주는 경고등이 있는가? 사람들 대부분은 극도로 피로를 느끼거나, 기진맥진하거나, 심지어 신체적 증상이 나타나야만 비로소 자기 몸에 주의를 기울인다. 재충전을 미루다가 에너지가 고갈되면 제때 재충전을 해주었을 때보다 에너지를 채우는 시간이 몇 배나 걸린다.

## 자신감 충전하기

재충전이 필요할 때까지 기다린다는 생각은 버려라! 항상 자신감을 충전하는 것은 어떤 가치를 안겨줄까? 그 가치란 바로 경쟁자를 이기는 데 필요한 수단을 확보하는 것이다. 스포츠 경기를 직접 관람하거나 텔레비전으로 볼 때 자신감이 얼마나 큰 영향을 끼치는지 본 적이 있는가? 기록을 살펴보면 기술이 부족한 팀이라도 자신감이 아주 높으면 기술이 뛰어난 팀을 이길 수 있다는 사실을 알 수 있다.

비즈니스 세계에서도 자질이 가장 뛰어나지는 않지만 가장 강한 자신감을 가진 사람이 승진하는 경우가 많다. 영업의 세계에서 자신감은 이보다 더 결정적이다. 자신감이 강한 영업인은 다른 영업인들과의 경쟁 상황에서 자신의 상품이 가장 뛰어나지 않더라도 승자가 되는 경우가 많다. 또한 그 반대의 경우도 있다. 당신이 세계에서 가장 뛰어난 상품을 보유하고 있더라도 자신감 없이 고객과 접촉한다면 거래를 성사시키는 데 실패할 가능성이 높다. 고객은 자신과 상담하는 사람이 자신감을 보이기를 원한다. 고객은 불안감을 느끼면 당장 저 멀리 달아나버린다.

필요한 능력을 모두 갖추고 태어나 타고난 운동선수인데도 성적이 좋지 못한 경우가 있다. 이 선수의 기량을 결정하는 요인은 무엇일까? 만일 재능이나 능력만으로 평가한다면 이 운동선수는 최고 중 한 명이 될 것이다. 그러나 훌륭한 운동선수임에도 자신감이 평범한 수준이라면, 최고의 선수가 되기 위한 결정적 야드를 돌파하지 못하고 그저 좋은 선수에 그치고 말 것이다. 코칭 영업을 할 때도 마찬가지다. 따라서 당신은 무의식적으로 자신감을 가져야 한다. 그런 자신감은 다음 세 가지에 기인한다.

- 지식
- 기술
- 습관

전통적인 영업인들은 자신의 상품과 분야에 대한 '지식'이 얼마나 중요한지 잘 알고 있다. 우리는 여기에 대해서는 일말의 의심도 하지 않는다! 최고 수준의 자신감을 가지기 위해서는 고객과 당신 상품의 특징과 강점에 대해 잘 알아야 한다. 또한 일류 영업인이 되려면 판매에 필요한 '기술'을 보유하고 있어야 한다. 상대의 말에 귀를 잘 기울이고, 설득력 있게 말을 하고, 관계 형성에 뛰어나고, 문제를 해결하는 능력을 갖추어야 한다. 마지막으로 성공을 위한 '습관'을 창출해야 한다. 이것은 당신의 성공을 보장하는 실행을 통해 가능하다. 이것이 우리가 이 책에 실행 과제를 넣은 이유이기도 하다. 어떻게 코칭할 것인지에 대한 지식만으로는 당신의 분야에서 성공할 수 없다. 지식을 실천하고, 기술을 연마하고, 습관을 만들어 다음 단계로 올라서야 한다.

## 코칭 영업인은 왜 유별난 자신감을 갖추어야 하는가

코칭 영업을 원하는 영업인에게 자신감이라는 것이 그렇게도 중요하단 말인가? 그렇다. 현실을 직시하자. 영업인만큼이나 많은 역경을 무릅써야 하는 전문가는 거의 없다. 영업인만큼이나 직무에서 거부를 당하거나, 남을 존중하지 않는 고객을 다루는 사람은 별로 없다. 어떤 사람들은 영업인에게 무례하게 대하는 것을 자기의 의무처럼 여긴다.

영업 경력은 소심한 사람은 결코 쌓을 수 없는 것으로, 하루가 멀다 하고 닥쳐오는 난제를 힘과 자신감으로 극복해야 한다. 자신감을 잃은 영업인은 이런 세계에서 살아남을 수 없다. 당신의 고용 보장과 성공 수준은 당신의 자신감 수준에 따라 좌우된다. 자신감이 부족하면 영업의 세계에서 살아남을 수 없다.

적정한 수준의 자신감을 지닌 사람이라도 더 강한 자신감을 지닌 경쟁자에게 거래를 뺏길 수 있다. 앞서 예로 들었던 가이드 이야기로 돌아가보자. 당신이 험난한 지형의 산꼭대기까지 올라가는 위험한 등산을 막 시작한다고 가정해보자. 당신은 다음 중 어떤 안내자를 선호하겠는가?

- 당신을 그 산꼭대기까지 데려다줄 자신의 능력에 확신이 없는 사람

"솔직하게 말씀드리지요. 이건 꽤 험난한 코스이고, 저는 그 꼭대기까지 올라가본 경험이 몇 번 안 됩니다. 그러니 완벽한 여행은 기대하지 마세요."

- 등산에서 당신에게 제공해줄 자신의 지식과 능력에 대해 보통 수준의 자신감을 보인 사람

"아마 제가 당신에게 알맞은 가이드인 것 같군요. 좋은 여행이 되었으면 합니다. 대부분 큰 사고 없이 끝났지요."

- 등산을 성공리에 마칠 수 있는 능력과 당신의 목적에 맞추는 능력에 놀라울 정도로 자신감으로 보인 사람

"이 코스는 수백 번도 더 다녀보았습니다. 아주 안전한 여행이 될 겁니다. 고객님에게 평생 잊지 못할 경험이 되도록 해드리겠습니다."

이들 중 과연 첫 번째 가이드를 선택할 사람이 있을까? 두 번째 가이드를 택할 사람은 좀 있겠지만, 그런 사람들도 세 번째 가이드가 나타나는 순간 당장 그에게 달려갈 것이다. 애초에 게임이 안 되지 않는가!

하지만 명심할 것이 있다. '자신감 있는' 코치일지라도 고객의 관점이나 니즈에 관심을 보이지 않거나 배려를 하지 않으면 오만한 사람으로 비치기 십상이라는 점이다. 자신감이 있으면서 고객을 이해하고

돕는 일에 큰 비중을 두는 코치가 가장 좋은 파트너로 여겨지게 마련이다. 자신감은 신뢰를 쌓고, 신뢰는 관계를 쌓으며, 관계는 관련된 모든 사람들을 성공으로 이끈다. 고객이 신뢰하고 따르는 영업인은 자신감이 넘치며 그들을 올바른 구매 결정으로 안내할 능력이 있는 사람이다.

## 자신감으로 가는 다섯 가지 길

당신은 상대에게 영감을 주는 코치인가? 만약 그렇지 않다면 이 장은 당신을 영감을 주는 코치로 만들어 줄 것이다! 당신이 다른 사람에게 영감을 주는 코치라면 지금보다도 더 훌륭한 코치가 될 수 있다는 사실을 알고 있는가? 그렇다면 이 장에서 당신은 자신감을 더욱 높이고 다듬어 다음 수준으로 올라갈 수 있을 것이다.

자신감을 다루는 대부분의 책에서 자신감을 쌓기 위한 자기 대화self talk 전략을 강조한다. 이 전략은 아주 효과적이지만, 그 자체만으로는 완전하지 않다. 자신의 생각에만 몰두하는 것은 마치 헬스장에 가서 이두박근만 단련하는 것과 같다. 그럴 경우, 이두박근은 근사하게 발달하겠지만 헬스장에서 보낸 시간에 비해 멋진 몸은 만들어지지 않을 것이다. 자신감을 가꾸기 위해서는 다음에 나오는 다섯 가지 영역을 골고루 사용해야 한다.

- 지적 영역(사고적 접근법)

- 감성적 영역(정서적 접근법)

- 행동적 영역(실행 중심적 접근법)

- 관계적 영역(커뮤니티적 접근법)

- 영적 영역(삶의 목적과 사명적 접근법)


여기에 대해서는 이 책의 저자 중 한 명인 어시니가 지은《자신감을 위한 계획》에 구체적으로 나와 있다. 이 장에서는 각 카테고리별로 몇 가지 아이디어를 소개하여 자신감을 쌓는 데 도움을 주고자 한다.

## 1_ 지적 영역(사고적 접근법)

사고적 접근법은 자신감 쌓기 기법에서 가장 흔한 형태이다. 이 접근법은 인지 심리학 이론에 바탕을 두고 있다. 그 이론에 따르면 우리가 생각하는 것이 우리의 자신감에 커다란 영향을 미치며, 목적을 달성하는 우리의 능력에도 영향을 끼친다고 한다. 실제로 심리학 연구 결과를 보면 당신이 어떤 일을 성취하는 능력을 가장 정확히 예측하는 것은 그 일을 잘할 수 있으리라고 생각하는 당신의 믿음이다. 특정 행위를 잘할 수 있으리라고 자신의 능력을 믿는 것을 심리학 용어로 '자기 효능감 self-efficacy'이라고 한다. 자기 옹호가 강한 사람은 남들보다 더 건강하고 행복한 삶을 사는 경향이 있다. 이들은 비관적인 사람들보다 성공도 더 자주 하며 목표도 더 빨리 성취한다.

당신의 지적 자신감을 판단하려면 자기 자신과 대화를 해보면 된다. 당신은 자신에게 매일 무슨 말을 하는가? 아침에 눈을 뜨면 또 하루를 살아갈 일이 막막한가? 아니면 당신이 오늘 할 일이 얼마나 성공적일지 또는 강렬한 인상을 줄 것인지에 대해 생각하는가? 어려운 영업 상황이 닥쳤을 때, 이런저런 것들이 잘못될 게 뻔하다며 머릿속으로 하나하나 짚어보는가? 아니면 끈질기게 포기하지 않으면 계약을 따낼 수 있다며 자신을 격려하는가? 자기 대화에 너무 심취하는 사람도 물론 있지만, 자기 대화에서 과학적으로 확실히 입증된 것은 우리 스스로 성공이나 실패를 예측하는 것이 실제로 영업 상황이나 우리의 삶에서 벌어지는 일에 큰 영향을 미친다는 사실이다.

영업 코치로서 자신감을 가지려면 긍정적이고 격려하는 생각을 많이 해야 한다. 아래에 두 유형의 영업인이 코칭 영업을 할 때의 효과를 비교해보라.

영업인 #1 부정적인 자기 대화

'이 거래를 성사시키지 못하면 오늘 목표 할당량에 크게 미달할 거야.'

'오늘은 이 사람을 상대할 시간이 없어.'

'그 사람에게 그 정보를 주고 끝내는 것이 더 쉬울 거야.'

영업인 #2 긍정적인 자기 대화

'이 거래를 성사하면 오늘 내 할당량을 채울 수 있을 거야.'

'시간을 좀 들이면 이 거래를 딸 수 있다고 믿어.'

'인내하고 올바른 기술을 사용한다면 그 사람을 도울 수 있을 거야.'

이 두 명의 영업인이 동일한 영업 상황에서 얼마나 다르게 행동하고 코칭할지 상상해보라. 이들 중 누가 더 성공 확률이 높겠는가? 애초에 경쟁 상대가 아니지 않겠는가? 이 예시는 극단적이기는 하지만, 아주 단순한 상식을 잘 보여주고 있다. 즉, 당신의 머릿속에 들어 있는 것이 당신의 말, 말하는 방식, 당신이 적용한 접근법에서 나오는 결과에 영향을 미친다는 것이다.

## 2_ 감성적 영역(정서적 접근법)

정서적 접근법이 사고적 접근법과 다른 것은, 그 효과가 말로 인해 좌우되지 않는다는 것이다. 정서적 접근법은 비언어적 방식을 활용해 자신감의 원초적, 무의식적인 부분을 건드린다. 이 기법은 시각, 청각, 후각, 촉각, 미각과 관련이 있다. 정서적 접근법은 창의성이 많이 필요하고 우뇌에 집중된 반면 사고적 접근법은 좌뇌와 깊은 관련이 있다.

영업인들은 꽤 오래전부터 판매를 할 때 정서적 접근법을 도입하는 것이 얼마나 강력한 힘을 발휘하는지를 잘 알고 있었다. 스콧 웨스트Scott West와 미치 앤서니Mitch Anthony는 그들의 저서 《스토리텔링》에서 영업 프레젠테이션을 할 때 이야기를 활용하면 좌뇌와 우뇌를 모두 자극해서 훨씬 설득력 강한 영업이 가능하다는 것을 보여주었다. 그러나 논리를 살리느라 감성을 무시하는 영업인이 너무나 많다. 인간은 논리와 감성이 함께 작용한 그림에 더욱 지속적으로 반응한다.

이런 정서적 접근법은 영업인 자기 자신에게 사용해도 도움이 된다. 최면과 같은 기법은 정서적 접근법에 크게 의존한다. 또한 많은 영업인들은 NLP, 즉 신경언어 프로그래밍Neuro-linguistic Programming이라는 개념에 익숙한데, 이것 역시 우리의 정서적 자신감에 아주 큰 영향을 미친다. 중요한 것은, 정서적 접근법은 사고적 접근법보다 더 많은 창의성이 필요하고, 자신감과 낙천성에 매우 크고 조건반사적으로 영향을 끼칠 가능성이 있다는 점이다.

서구 문명권에서 자란 우리는 다른 문명권의 사람들에 비해 정서적 접근법에 대해 회의적인 경우가 많다. 그러나 이 강력한 기법을 사용하지 않는 영업인들은 자신이 성취할 수 있는 수준 이상으로 성공할 수 없다. 그중에는 물론 큰 성공을 거두는 사람도 있지만, 자신의 가능성을 100% 실현하는 일은 절대 불가능하다.

그러면 정서적 접근법의 예를 몇 가지 들어보자. 접근하기 쉬운 쪽에 속하는 기법으로 음악이나 영화를 사용하는 방법이 있다. 영화 〈탑건〉을 관람하고 나면 전 세계 대부분의 사람들이 용기가 솟으면서 당당히 세상으로 나아갈 마음을 가지게 된다. 이 영화가 왜 그렇게 사람들을 강하게 만들까? 아마도 다음과 같은 요소가 함께 작용하기 때문일 것이다.

- 대본

- 연기

- 액션 장면

- 전투기 등에서 나는 소리

- 음악

만일 이 요소들 중 어느 하나라도 빠진다면 이 영화는 그 힘을 상당 부분 잃어버릴 것이다. 〈탑건〉에 연기력이 떨어지는 배우들이 출연해 책을 읽듯 대사를 하거나, 상영 시간 내내 까만 스크린만 보이거나, 음악이 빠졌다고 생각해보라. 그래서야 영화가 제대로 되겠는가? 영화를 본 사람들을 들뜨게 하고, 그들에게 어떤 시련도 이겨낼 듯한 느낌을 주는 것은 보이는 것과 들리는 것이 조화를 이루었기 때문이다.

많은 사람들이 음악과 영화를 즐기지만, 이 두 가지를 전략적으로 사용하여 우리의 기분과 자신감에 영향을 줄 수 있다고 생각하는 사람은 그리 많지 않다. 우리가 아는 적극적 성향이 있는 한 금융 서비스 매니저는 자신이 맡고 있는 지점이 어려움을 겪고 있을 때 '영화의 밤'을 계획했다. 그는 힘든 일정을 마치고 낙이라고는 모여서 저녁을 먹는 것뿐이었던 금융 컨설턴트들에게 〈영 프랑켄슈타인〉, 〈미세스 다웃파이어〉 같은 영화를 보여주었다. 이 외에도 적극적인 행동을 많이 실천한 덕분에, 다른 컨설턴트들이 대부분 짜증을 내고 회사에 염증을 느끼던 시기에도 그가 관리하는 지점은 거래 유지율이 놀랄 정도로 높았다.

또 다른 예를 들자면, 우리가 경험한 코치들 중에는 힘든 하루를 보내고 나면 베토벤의 〈7번 교향곡〉이나 팝송 〈I will survive〉, 〈Calling all angels〉와 같이 흥겨운 음악을 들으며 기분을 돋구는 사람들도 있다. 또한 난관을 극복하고 승리를 거두는 사람들에 관한 〈리멤버 타이탄〉, 〈쇼생크 탈출〉, 〈영혼의 사랑〉과 같은 영화를 보며 정신과 마음을 채우는 영업인들도 있다. 우리의 마음속 빈 곳을 채워주기에 딱 좋은 영화나 음악은 말로는 표현할 수 없는 큰 효과를 지니고 있다.

우리가 '자신감 기르기 코스'에서 가르치는 또 다른 기법으로 오감을 활용해 자신감을 쌓는 것이 있다. 우리는 워크숍 참석자들에게 다음과 같이 자신감을 상상해보라고 요청한다.

- 어떤 생김새인지 (그 자리에서 시각적으로 떠올린다)

- 어떤 소리인지 (소리를 재생해보라고 한다)

- 어떤 냄새인지 (실제 냄새가 나는 것처럼 킁킁거려보라고 한다)

- 어떤 느낌인지 (자신감의 질감을 느껴보라고 한다)

- 어떤 맛인지 (성공의 맛을 떠올려보라고 한다)

워크숍에서 이 기법을 적용할 때마다 놀라운 일이 일어난다. 참석자들이 미소를 짓기 시작하다가 웃음을 터뜨리는 것이다. 의자에 축 처져 있다가 상체를 꼿꼿이 세우기도 한다. 참석자들은 워크숍 내내 집중해서 열심히 참여한다. 인간의 모든 감각을 사용하여 자신감과 성공을 경험해보는 행위는 실제로 활력을 재충전시키고 사람들을 들뜨게 한다.

이 방법을 정기적으로 또는 중요한 거래가 있기 전에 실천한다면 어떤 효과가 있을지 상상해보라. 정서적 자신감은 코칭 영업을 하는 상황에서 반드시 필요하다. 고객은 능숙하긴 하지만 불안한 사람에게는 자신을 맡기려 하지 않는다.

## 3_ 행동적 영역(실행 중심적 접근법)

당신이 생각하는 것과 느끼는 것 못지않게 당신이 '하는' 것도 자신감에 많은 영향을 미친다. 영업인의 자신감은 직면하기 싫은 불편한 행위에 어떻게 맞서고, 편하게 느끼는 영역을 어떻게 지나는지와 깊은 관련이 있다. 더 큰 성공을 가져다줄 수 있지만 불편하게 느껴지는 행위를 피하는 영업인은 천천히 자신감을 잃어간다. 두려운 일이나 상황을 피하는 것은 실제로 두려움을 더욱 강화한다. 화가 잔뜩 난 고객이 전화를 걸어오고, 그 이름과 번호가 전화기 액정에 떴다. 영업인이 그것을 보고 수화기 드는 것을 두려워한다면, 그 고객에 대한 두려움은 점점 더 커질 뿐이다. 공포심은 회피를 먹고 자란다. 회피할수록 두려움은 점점 더 커진다.

이와 유사하게, 우리는 대부분 저마다 편안함을 느끼는 영역이 있다. 우리가 괜찮다고 느끼는 행위와 성공의 수준 말이다. 이 수준의 성공을 넘어서면 불편함을 느끼고 이전의 수준으로 돌아가려는 행동을 보이기 시작한다. 그러나 이것은 안심지대이자 한계가 된다. 우리 대부분은 그 한계를 넘어설 정도로 막대한 성공을 거두면 불편함을 느낀다.

달성할 수 있는 수준에 스스로 한계를 긋는 것이다. 다시 말해, 우리는 지나치다 싶은 성공을 거두면 우리를 거기까지 도달하게 한 행동을 멈추고 다시 편안하게 느끼는 수준의 성공으로 돌아갈 때까지 몸을 웅크려버린다. 이는 승승장구하던 영업인들이 그런 성공을 가져온 행동을 멈추는 이유 중 하나이기도 하다.

우리는 이런 경우를 얼마나 많이 봐왔는지 그 횟수를 떠올리기조차 힘들 정도이다. 이들은 전화 권유로 높은 성공률을 기록하다가 갑작스럽게 멈춰버린다. 세미나를 열어 신규 고객을 잔뜩 유치했다가도 더 이상 세미나를 열지 않는다. 백발백중의 성공을 보장하던 마케팅 전략과 접근법이 갑자기 그 효과를 잃어버린다. 그리고 그렇게 해서 안심지대로 되돌아올 때마다 그 영역을 강화해 자신이 달성할 수 있는 성공의 수준은 여기까지라고 선을 그어버린다.

당신의 목적은 편안함인가? 그렇다면 지금 하고 있는 일을 그대로 하면 된다. 그러나 믿을 수 없을 만큼 성공을 하고, 대규모 거래를 하고, 다른 사람들에게 크나큰 영향을 미칠 수 있다는 것에 마음이 끌린다면, 당신은 공포나 편안함에 젖은 습관에서 탈출해야 한다. 그리고 자신감을 한 단계 더 끌어 올리고 더 효과적인 코칭 영업을 하지 못하도록 위협을 주는 일들을 과감히 해치워야 한다. 그렇게 하기 위해서는 두 가지 방법, 즉 체계적 해소법systematic desensitization과 정동 범람법flooding, 공포증 환자에게 공포의 원인과 직면해 치료하려는 요법을 활용할 필요가 있다. 다음의 표는 이 두 가지 방법의 차이점을 보여준다.

|  | 체계적 해소법 | 정동 범람법 |
| --- | --- | --- |
| 접근 | 두려워하는 것을 한 가지 선택해 이에 맞설 수 있도록 순차적인 다중 단계로 나누어보라(5~12가지 단계 정도면 된다). 가장 두려움이 적은 것부터 시작하라. 이렇게 하다 보면 궁극적으로 우리를 두렵게 만들거나 불편하게 만드는 일을 할 수 있다. | 바로 뛰어들어 우리가 두려워하는 그 일을 하라. 두려움이 사라질 때까지 충분히 오랜 기간 계속하라. |
| 이론 | 가장 두려워하는 것과 맞서기 위해 서서히 자심감과 편안한 태도를 키워라. 그러고 나서 그 두려움과 맞서게 되면 그 전처럼 큰 두려움으로 느끼지 않게 되어 불편한 행동도 더 이상 존재하지 않게 된다. | 우리는 한동안만 두렵거나 불편한 상태가 될 뿐이다. 무언가에 충분히 오랫동안 직면하면 우리의 몸은 결국 아드레날린을 방출하는 것을 멈추고, 그 불편함에 적응하게 된다. |
| 장점 | ·약간 고통스럽거나 불편할 뿐이다.<br>·발전을 향해 더욱 인내심 있는 길을 허용한다.<br>·긴장 이완 기법을 학습하는 등 추가적인 혜택을 수반한다. | ·더 빠르다.<br>·두려움에 맞서는 행동을 통해 단시간 내에 큰 자신감을 얻을 수 있다. |
| 결점 | ·시간이 오래 걸린다.<br>·여러 단계를 만들어야 한다. | ·처음에는 매우 고통스러울 수 있다. |

결국 당신이 어떤 방법을 택하느냐는 전적으로 당신에게 달려 있다. 아무튼 두 방법 모두 효과가 뛰어나므로 당신의 성격에 맞다면 어느 쪽을 고르든 큰 차이는 없다.

자신감은 우리 환경과 관련이 있다. 사실 우리 주변의 관계는 우리의 자신감 수준을 엄청나게 높이거나 줄어들게 만들 수 있다. 당신 주변에 부정적인 사람들이 많거나 당신이 여러 가지 갈등에 항상 연관되어 있다면, 자신감이 줄어들고 고객을 효과적으로 코칭하는 능력도 훨씬 낮아질 것이다. 당신을 담당하는 영업 관리자의 태도, 당신의 사무실 위치와 옆 사무실에 누가 있는지가 중요한 것도 이 때문이다. 또한 당신의 가정생활이 안정적이고 행복하면 영업 성과에 큰 영향을 미칠 수 있는 것도 이 때문이다.

'부정적'인 것과 '갈등'이라는 이 두 가지 요소는 의욕과 에너지, 낙천성을 떨어뜨린다. 가정에서는 배우자와 불화를 겪고 있고, 사무실에는 변화하는 것이 싫다고 불평을 늘어놓는 동료들이 우글거리고, 상사는 칭찬과 격려보다는 비난과 비하만 일삼는 상황에 놓인 영업인이 있다고 가정해보자. 이 사람의 성과를 행복한 가정생활을 누리고, 직장 동료들은 활기가 넘치는데다 적당히 경쟁심도 있으며, 상사가 부하의 가장 좋은 점을 찾아내 칭찬해주는 상황에 있는 영업인의 성과와 비교할 수 있겠는가? 이 두 사람이 서로 비슷한 기술 수준을 지녔다고 가정할 때 어느 쪽이 더 높은 성과를 기록할지에 굳이 말할 필요가 있겠는가?

그래서 여기에 자신감과 코칭 기술을 높일 수 있는 몇 가지 관계 전략을 소개한다.

## 1) 주변을 올바른 사람들로 채워라

말은 쉽지만, 얼마나 많은 사람들이 자기 주변을 부정적인 사람들이 둘러싸게 놔두는지를 보면 놀라울 지경이다. 우리는 자신의 삶에서 부정적인 친구를 몰아내려는 영업인들을 많이 도와주었다. 여기서 말하는 부정적인 친구란 힘든 시기를 겪고 있어 당신의 지원이 필요한 사람이 아니다. 늘 부정적이어서 당신과 주변 사람들의 기분도 망치는 사람을 말한다. 이런 친구는 쉽게 구분할 수 있다. 스스로를 도우려는 횟수보다 당신이 도와주는 횟수가 더 많은 사람들이 바로 그런 친구이다.

우리는 또한 '부정적인 성향을 완전히 제거하려는' 회사도 많이 도와주었다. 우리는 이런 회사를 도와 이 원칙을 면담 과정에 활용하고 태도에 큰 비중을 두는 성과 검토 체계를 만들게 했다. 다시 한 번 말하지만, 부정적인 성향을 감정을 발산하는 것이나 문제를 찾아내 해결하는 것과 혼동해서는 안 된다. 감정을 발산하는 사람은 '목적에 따라 부정적일' 뿐이다. 그 목적은 나쁜 감정을 배출해 발전하기 위한 것이다.

그런데 부정적인 사람은 단지 부정적이기 위해서 부정적이다. 또한 무엇이 문제인지 밝혀내고 그것을 해결하기 위해 돕는 사람은 영업 조직에서 더없이 귀중한 존재이다. 무엇보다 큰 차이는, 부정적인 사람은 당신에게 와서 문제에 대해 불평만 한다는 것이다. 반면 문제를 해결하는 사람은 당신에게 문제와 그에 대해 가능한 해결책을 같이 제시한다. 부정적인 사람을 완전히 피하는 것은 어렵겠지만, 그런 사람들에 맞서거나 무시하거나 거리를 두는 등 선택할 수 있는 여지는 많다. 당신이 그들의 부정적인 에너지에 희생양이 될 필요는 없다.

### 2) 갈등에 직면하고 다루는 법을 배워라

대부분의 사람들은 갈등을 피하거나 제대로 처리하지 못하는 경향이 있어서 우리 저자들 중 한 명인 어시니는 《겁쟁이의 갈등 가이드 Cowerd's Guide to Conflicts》라는 책을 쓰기도 했다. 이 책은 왜 사람들이 갈등을 피하고, 무엇이 갈등을 일으키며, 긍정적이고 영향력 강한 의사소통을 창출하는 전술을 만드는 법은 무엇인지 탐구하고 있다. 많은 영업인들은 무슨 수를 써서라도 갈등을 피하려 한다. 하지만 그렇게 되면 다음과 같은 문제가 일어날 수 있다.

- 요구가 많은 고객에게 과도한 약속을 한다.
- 같은 사무실에 근무하며 당신을 지치게 만드는 사람을 다루지 못한다.
- 친구가 되고 싶지 않은 사람을 주변에서 떨쳐내지 못한다.
- 비즈니스에 중대한 의미가 있는 사람과의 관계를 포기한다.
- "노"라고 말하기가 어렵다.
- 유구가 많은 상사나 관리자의 비위를 맞추려고 노력한다.
- 거부를 두려워해서 영업을 마무리 짓지 못한다.
- 속쓰림, 궤양, 두통 등의 신체적 증상이 발생한다.
- 당신의 인생에서 변화를 시도하는 데 실패한다.

사람들이 갈등을 피하는 가장 큰 이유 중 하나는 '예기 불안<sub>나쁜 일이</sub>

일어날지도 모른다는 두려움' 때문이다. 이는 무언가를 하려 할 때 느끼는 초조함이다. 대부분의 사람들이 갈등이 일어나기 전에 예기 불안을 겪는 이유는, 상대를 만나기도 전에 그 갈등이 어떻게 나쁜 방향으로 흘러갈지 모든 가능성을 열어놓고 상상하기 때문이다. 이는 당신의 에너지를 소모할 뿐 아니라 상대와의 상호작용에서 긴장 분위기를 조성해 실제로 나쁜 상황이 발생할 가능성을 높일 수도 있다. 반대로 긍정적인 결과와 다양한 윈윈 해결책을 상상하며 갈등 상황에 뛰어드는 사람은 고객과의 만남에서 좋은 결과를 창출할 가능성이 훨씬 높다.

이와 반대의 문제를 겪고 있는 영업인도 있다. 이런 사람들은 갈등을 피하는 것이 아니라 갈등이 일어나지 않도록 지레 사전 대책을 강구한다. 영업이라는 직무는 의욕이 넘치는 사람들이 많아 영업의 세계는 추진력과 공격 성향을 구분하는 법을 배우지 못한 사람들로 가득 차 있다.

우리는 영업에서 건강한 경쟁을 창출하는 것을 적극 지지한다. 오만하고 자기도취에 빠진 영업인들이 영업 말고는 아무것도 신경 쓰지 않다가 엄청난 손해를 보는 것을 많이 보았다. 이런 사람들 중 다수는 시간과 끈기와 뒤에서 받치는 힘만으로도 놀라운 성공을 거둘 수 있다. 하지만 이런 사람들은 자신과 관련된 모든 사람들이 이익을 볼 수 있는 상황을 창출하고 더욱 지속적으로 관계를 형성하는 법을 배우지 못하면 자신의 가능성을 극대화할 수 없다.

영업에서 관계의 역할은 점점 그 중요성이 커지고 있다. 비슷한 상품을 보유한 영업인들이 하나의 계약을 따내기 위해 경쟁하는 경우가 많다. 이런 상황에서 자신감 있는 영업인은 고객에게 안전하다는 분위기를 만들어주므로 그저 밀어붙이기만 하는 오만한 영업인을 백발백중 이긴다. 영업 상황에서 발생하는 반대/이의, 난제, 망설임을 다루는 법을 배우는 것은 코칭 과정에서 중요한 부분이다. 그리고 이때 고객의 행동 유형에 맞추어 당신의 본래 유형을 수정해야 할 경우가 많이 생긴다.

### 3) 상사나 관리자와 긍정적인 관계를 만들어라

이 책을 읽고 있는 독자 중에는 자신이 기업을 경영해 상사가 없는 사람도 있을 것이다. 그런 사람들은 이 부분을 읽고 자기 자신과의 관계가 중요하다는 것을 알면 된다. 그러나 깐깐한 영업 관리자 밑에서 일하는 사람이라면 상사와의 잘못된 관계가 자신의 일을 얼마나 어렵게 만들 수 있는지 알 것이다. 갈등을 해결하는 기술은 상사나 관리자와의 관계를 다루는 데 있어서 매우 중요하다. 때로는 상사나 관리자와 경쟁해야 하는 상황에서 갈등이 일어나기도 한다. 이런 갈등을 성공적으로 처리하면 그들을 당신의 강력한 지지자로 만들 수가 있다. 하지만 갈등을 잘 처리하지 못한다면, 갈수록 고통과 골칫거리만 늘어날 것이다. 당신은 그들과 '윈윈' 관계를 만드는 방법을 항상 기억하고 있어야 힌디.

### 4) 딩신의 힘을 고갈시키는 고개은 포기하라

금융 서비스 분야에서 가장 성공적인 컨설턴트들은 고객 명단을 훑어보며 고객들을 특정 카테고리별로 나누어 분류한다. 그 고객 명단 중 일정 부분은 신참 컨설턴트들에게 배정하거나, 회사의 정보처리 부서로 보낸다. 이러한 고객들은 흔히 컨설턴트들에게 미치는 재무적 영향력이 제일 낮은 것으로 평가되는 사람들이다. 최고의 실적을 기록하는 컨설턴트 대부분은 이런 고객들과의 관계까지도 고려한다. 다시 말해, 어떤 고객은 금전적으로는 매우 중요한 존재일 수도 있지만 그 고객이 부정적이고 신경을 많이 써야 하는 유형의 고객인 경우 다른 사람에게 배정해버리는 경우도 많다는 것이다. 왜 최고의 실적을 기록하는 전문가들이 수입을 포기하는 것일까? 이런 고객은 컨설턴트의 에너지를 소모시킨다. 부정적이고 신경을 많이 써야 하는 고객은 그 고객에게서 창출할 수 있는 수익만큼의 가치가 없는 것이다.

그러나 자신감이 부족한 컨설턴트는 수익성이 있는 고객을 쉽사리 포기하지 못한다. 현명한 컨설턴트들은 특정 고객이 앗아간 시간과 에너지를 되찾기 위해서라면 일시적인 손실 정도는 기꺼이 감수한다. 이들은 이렇게 되찾은 에너지를 자신이 즐겁게 일할 수 있는 고객들에게서 추가적인 수입을 거두기 위해 사용한다. 그러니 자문해보라.

'나는 나 자신에 대해 믿음을 가지고 있는가? 아니면 틈만 나면 나를 녹초로 만드는 고객에게 계속 매달리고 있는가?

## 5) 다른 사람에게 돌려주어라

행복과 만족에 대한 연구 결과를 보면 흥미로운 것이, 이타적인 행위가 자신감에 놀라울 정도로 큰 영향을 미친다고 한다. 가장 훌륭한 코치는 돈을 벌기 위해서만이 아니라 다른 사람에게 긍정적인 영향을 준다는 기쁨을 위해서 일을 한다. 이들은 성공보다 의미라는 것이 더 중요하다는 것을 깨닫고 있으며, 역설적이게도 성공이 의미에 더 중점을 둘 때 찾아오는 경우가 많다는 것을 알고 있다. 물론 코칭 영업은 계약을 성사시키는 것이 목적이지만, 그 핵심은 다른 사람들의 삶에 긍정적이고 의미 있는 방식으로 영향을 주고자 하는 것이다. 영업에서 진정 고객에게 가장 이로운 방향이 무엇인지를 생각하라. 고객에게 옳은 것이라면 당신의 이익을 기꺼이 포기하라. 당신의 진실성은 돈보다 중요하다.

마음이 불안한 사람들은 성공하려면 모든 영업을 반드시 성사시켜야 한다고 믿는다. 그러나 자신감 있고 낙천적인 영업인은 이 세상에는 자신의 상품이나 서비스를 팔 사람들이 너무나 많으며, 자신의 진실성을 훼손하면서까지 좋지 않은 계약을 성사시킬 필요가 없다는 것을 잘 알고 있다. 진실성을 지키며 살아가는 사람은 활력이 넘친다. 살아가기 위해 무슨 짓이든 하는 사람은 일순간의 성공에서 오는 일시적인 연료만 있을 뿐이다.

우리는 최근 《포춘》에서 선정한 500대 기업에서 일하는 일류 영업인 가운데 중서부 지방에서 활동하고 있는 50명을 인터뷰했다. 이 인터뷰는 그들이 기업 합병으로 발생하고 있는 최근의 과도기를 어떻게 헤쳐 나가는지 파악하기 위한 것이었다. 즉, '무엇이 최고의 영업인들을 만들었는가?', '왜 이들은 수천 명의 사람들이 일하는 회사에서 최고의 50인이 되었는가?'를 알아보는 인터뷰였다. 이들을 성공으로 이끈 여러 요소를 모두 검토한 결과, 가장 공통된 요소는 이들이 고객을 상대하는 방식과 관련이 있었다. 이들 50인의 답변에서 찾은 공통점은 다음과 같았다.

- "나는 항상 고객에게 최고가 되는 일을 한다."
- "진정한 마음으로 고객을 배려한다."
- "고객을 위해서라면 일시적인 이익은 희생한다."
- "내 고객을 사랑한다."
- "고객을 위해서라면 필사적으로 노력한다."

최고의 영업 코치가 되기 위해서는 다른 사람에게 돌려주는 것에 집중해야 한다. 이익보다 다른 사람들을 돕는 것이 더 가치가 있음을 믿어야 한다. 그리고 진실은 돈으로 따질 수 없는 가치가 있음을 깨달아야 한다.

## 5_영적 영역(삶의 목표와 사명적 접근법)

많은 사람들이 자신감이 얼마나 약한지를 경험한다. 우리의 생각, 느낌, 행동, 관계는 너무나 덧없고 취약할 수 있다. 그러나 자신감의 핵심에 자리한 한 가지 요소는 당신 외에는 그 누구도 영향을 끼치지 못한다는 것이다. 그것이 바로 영적 자신감이다. 여기서 '영적'이란 단어는 종교와 관련된 좁은 의미가 아니라 가장 광범위한 의미로, 당신이 삶에서 가지는 목표 및 사명과 관련이 있다.

당신이 왜 이 지구에 존재하는지, 무엇을 성취해야 하는지를 늘 생각한다면, 그 무엇도 당신의 자신감을 흔들 수 없다. '자기 배신어면 상황에서 내가 이 상황을 해결해야 한다고 느끼는 것을 회피하는 행위'은 다른 사람이 당신한테 줄 수 없는 것이다. 오직 당신만이 자신에게 할 수 있는 행위이다. 당신이 자신의 사명을 이해한다면, 그 누구도 당신의 긍정적인 마음을 빼앗아갈 수 없다. 당신이 영업에서 실패를 거듭하더라도 다른 사람의 삶에 긍정적인 영향을 미치는 것이 당신의 삶의 목표라면, 영업에서 한 번 실패하는 것은 일상에서 일어나는 사소한 실수일 뿐이다. 당신의 사명이 신을 섬기는 것이라면, 영업에서 한 번 실패하는 것은 당신의 일상생활에 큰 영향을 미치지 못한다. 당신의 사명이 온 정성으로 가족을 사랑하는 것이라면, 영업으로 힘들었던 하루는 당신의 사명에서 잠시 눈을 떼게 했던 오락 활동일 뿐이다.

당신의 목표와 사명을 결정할 수 있는 사람은 당신뿐이다. 그리고 당신이 하기로 되어 있는 일을 실행하지 못해서 당신의 자신감을 훔쳐갈 수 있는 사람도 당신뿐이다. 오직 당신 자신만이 스스로의 목적과 사명을 결정할 수 있다. 그리고 자신이 해야 할 일을 다하지 못해서 자신감을 앗아갈 수 있는 사람도 당신 자신뿐이다.

《자신감을 위한 계획》이라는 책은 자신감을 쌓기 위한 다섯 가지 각 영역에 대한 실행 과제로 가득 차 있다. 이 책의 목적을 위해 아래에 더 쉬운 몇 가지 방법을 소개하겠다.

### 실행 과제 1  지적 실행 과제

힘든 하루를 맞았을 때 동기를 부여해주는 생각과 기억으로 머리를 가득 채워보라. 힘든 날을 맞게 될 것이라는 사실을 안다면 자신을 연습시키기 위한 매우 효과적인 지적 전략이 많다. 다음은 그 예다.

✓ 과거에 성취한 최고 금액의 거래를 머릿속으로 그려보며 실행했던 옳은 일을 분석하고 강화해 그 성공을 재현할 수 있게 하라. 또 다른 방법은 일이 잘되어 인정을 받거나 진급을 하거나 경력상 획기적인 계기를 맞게 된 때를 파일로 만들어두고 사기를 북돋을 필요가 있을 때마다 열어보라.

✓ 도전과 시련이 당신의 정체성을 흔들도록 내버려두지 마라. '나는 도전을 좋아하고 무엇이든 자신 있게 대면할 수 있을 것이다' 와 같이 자신의 진정한 신념을 일깨워라.

✓ 머릿속으로 두려움보다는 흥분으로 당신의 맥박을 뛰게 만드는 게임이나 경쟁에

도전해보라.

✓ 당신 인생에서 감사해하는 모든 것에 집중하라. 즉, 도전 결과에 영향을 받지 말고 당신에게 '안전망'을 제공하는 것에 집중하라.

여기에 당신의 전략을 적어보라.

___________________________________________

아침에 일어나서 곧바로 이 생각을 할 수 있게 노력하라.

**실행 과제 2** **감성적 실행 과제**

자신감이 당신에게 어떤 의미가 있는지 오감을 사용하여 묘사하면서 아래 칸을 채워보라.

✓ 자신감은 ___와 같이 보인다(시각적으로 무언가를 묘사하라).

✓ 자신감은 ___처럼 들린다(들을 수 있는 무언가를 묘사하라).

✓ 자신감은 ___와 같은 냄새가 난다(후각을 사용해 무언가를 묘사하라).

✓ 자신감은 ___와 같은 느낌이 난다(촉각을 통해 무언가를 묘사하라).

✓ 자신감은 ___와 같은 맛이 난다(미각을 이용해 무언가를 묘사하라).

이제 자신감을 가지고 성공적인 영업 상황에 직면했을 때 이러한 감정을 연습해보라.


 **행동적 실행 과제**

우리가 피해왔던 태도나 행동, 상황을 골라보라. 다음 단계의 성공으로 가기 위해 우리가 취해야 하는 가장 크고 불편한 조치는 무엇인가? 여기에 그 대답을 적어보라.

---

이제 이에 대해 체계적 해소법이나 정동 범람법 중에 한 가지를 골라라. 정동 범람법을 골랐다면 주저하지 말고 실천해 더 이상 불편하게 느껴지지 않을 때까지 그 상황에 머물러라. 체계적 해소법을 골랐다면 그 행동에 이를 수 있도록 서서히 당신의 마음가짐을 만들어가기 위한 다섯 단계를 적어보라. 예를 들어 새로운 재정 계획 도구를 가지고 당신에게 겁을 주는 수익성 높은 고객에게 접근하는 것이라면 아래와 같은 단계를 밟을 수 있다.

✓ **단계 1** 혼자서 그 도구를 연습해보라.

✓ **단계 2** 친구나 동료와 함께 그 도구를 연습해보라.

✓ **단계 3** 우리가 편안하게 느끼는 고객과 함께 그 도구를 연습해보라.

✓ **단계 4** 우리가 조금 불편하게 느끼는 수익성이 높지 않은 고객과 함께 그 도구를

연습해보라.

✓ **단계 5** 수익성이 높은 그 고객과 약속을 잡아라.


아래에 당신이 취할 다섯 단계를 적어라.

✓ 단계 1: _______________________________________

✓ 단계 2: _______________________________________

✓ 단계 3: _______________________________________

✓ 단계 4: _______________________________________

✓ 단계 5: _______________________________________


자, 이제 1단계부터 시작하여 5단계나 그 이상으로 넘어갈 수 있도록 자신감을 키워라.


### 실행 과제 4 관계적 실행 과제


관리자나 동료, 친구, 혹은 배우자 등에게서 피해왔던 갈등이나 대화는 무엇인가? 행동을 피하는 데 따르는 장점과 단점을 분석하고, 이러한 도피가 당신의 에너지를 고갈하고 있지는 않은지 판단하라.

대화:

_______________________________________

_______________________________________

|  | 긍정적인 면 | 부정적인 면 |
| --- | --- | --- |
| 대화에 직면하기 |  |  |
| 대화 피하기 |  |  |

## 실행 과제 5  영적 실행 과제

이는 《자신감을 위한 계획》에 소개되어 있는 실행 과제를 짧게 줄인 것이다. 당신의 목적과 사명에 대한 통찰을 얻기 위해 이 형식을 사용하라.

- ✓ "내 인생과 내가 일하는 목적은 _______ 을 하기 위함이다." (목표, 당신이 성취하려는 것의 스토리를 적어라.)
- ✓ "나는 _______ 을 위해 이 일을 한다." (당신 인생의 목적과 관련된 사람들의 리스트를 적어라.)
- ✓ "나는 _______ 을 통해 이를 완수할 것이다." (당신의 목적을 지켜나가기 위해 해야 할 행동이나 활동 리스트를 적어라.)

# 다음 단계:
# 코치 되기



"재능이 많아도 용기가 부족하면 헛된 것이 되고 만다.
용기가 없어 애초부터 노력하지 않은 이름도 모를 용기 없는 사람들이
매일같이 무덤으로 사라지고 있다."
: 시드니 스미스(Sydney Smith)

## | 개요 |

이제 컨설팅 영업과 코칭을 결합하여 결정적 야드를 돌파할 준비가 되었는가? 독자들 중 일부는 이런 진화가 자신이 이미 하고 있는 것을 약간만 바꾸면 되는 정도일 수도 있다. 혹은 벌써 이 책에서 발견한 몇 가지 팁을 모아 활용하고 있을지도 모르겠다. 하지만 어떤 사람들은 너무나 큰 변화이기 때문에 주저하는 마음도 있을 것이다. 놀라운 일은, 당신이 변화를 향해 나아가는 단계가 당신이 고객을 구매 결정으로 이끌기 위해 택하는 단계와 매우 유사하다는 것이다. 당신에게 필요한 것은 다음과 같다.

•영업인으로서의 자신의 목적을 발견한다.

•자신의 옵션을 논의하거나 탐구한다.

•어떤 접근법이 자신에게 최고인지 결정한다.

## | 현장 경험 |

얼마 전 우리 회사의 기업 영업 담당자 한 사람과 같이 일할 기회가 있었다. 우리는 큰 성공을 거둔 금융 컨설턴트와 미팅이 잡혀 있었다. 그 컨설턴트의 이름을 프랭크라고 하자. 그 기업 영업 담당자는 우리 회사가 새로 내놓은 변액연금 보험을 프랭크에게 판매하게 할 임무를 띠고 있었다. 우리는 제시간이 되어 프랭크의 사무실로 갔다. 그 기업 영업 담당자는 대화를 시작하면서 우리 상품의 모든 장점과 왜 프랭크가 그의 고객들에게 이 상품을 왜 권유해야 하는지에 대해 설명했다. 10분 후, 그 기업 영업 담당자는 설명을 멈추고 프랭크에게 이 상품을 어떻게 생각하느냐고 물었다. 그러자 프랭크는 우리를 몇 초씩 지그시 바라본 다음 이렇게 말했다.

"저는 컨설턴트로 13년을 일했지만 한 번도 변액연금 보험을 판 적이 없어요. 그런 보험은 신용하지도 않고, 앞으로도 팔 일이 없을 겁니다."

말할 필요도 없이 이런 상황은 재앙 그 자체였다. 나는 즉시 대화에 뛰어들었다.

"그렇다면 프랭크, 요즘에는 어떤 일을 하고 계십니까?"

그는 방금 고객의 포트폴리오 분석을 끝냈으며, 소자본 투자에 약간의 문제가 있었다고 사실대로 말해주었다. 그래서 우리는 즉시 논의 주제를 우리 회사의 소자본 투자 상품으로 바꾸었다. 그러자 그때부터 우리와 프랭크 사이에 상호작용이 시작되면서 진짜 토론이 되었고, 긴장감은 공동 협조로 바뀌었다. 우리는 대화를 끝맺으면서 프랭크에게 결정을 요청했다. 그는 우리 상품의 이해 득실을 따져보았으며 자신의 고객들에게 잘 맞을 것이라고 확신했다.

고맙게도 우리는 이전에 프랭크와 장기적인 관계를 가진 적이 있었다. 프랭크가 신경 쓰고 있는 주제와 그가 구매할 만한 상품으로 재빨리 바꿀 수 있었던 단 한 가지 이유는 바로 그것 때문이었다. 그렇다면 우리가 그 대화를 "저희 상품 중 하나를 소개해드리려고 왔습니다만, 먼저 요즘에는 어떤 일을 하고 계시는지 알려주시면 감사하겠습니다"라고 시작했다면 어땠을까? 시간을 낭비하지도 않고 계약 실패의 위기에 빠지지도 않고 곧장 프랭크가 원하는 주제를 내놓을 수 있었을 것이다.

그 상담은 처음부터 실패한 것이나 다름없었다. 만약 그때 긍정적인 분위기로 바꿀 수 있는 논의로 넘어가지 못했거나 프랭크에게 결정을 요청하지 않았더라면 거래를 성사시키기는 매우 힘들었을 것이다. 이처럼 과정을 올바른 방식으로 하지 않으면 영업에서 결코 성공할 수 없다. 우리는 재빨리 3D 코칭 모델로 바꿀 수 있었기에 재앙이나 다름없었던 상황에서 큰 이익을 가져다주는 성공을 할 수 있었다.

앞서 개요 부분에서도 물었지만, 컨설팅 판매와 코칭을 결합할 준비가 되었는가? 변화가 크든 작든, 이 책에서 배운 내용을 결정적 야드를 넘는 실행으로 바꾸고 싶은가? 만약 주저하고 있다면, 당신은 고객에게 구매 결정을 위해 적용했던 것과 유사한 단계를 거칠 필요가 있다. 변화를 하기 위해서는 3D 코칭 모델을 적용하여 다음을 성취해야 한다.

- 영업인으로서 자신의 목적을 발견한다.
- 자신의 옵션을 논의하거나 탐구한다.
- 어떤 접근법이 자신에게 최고인지 결정한다.

## 영업인으로서 자신의 목적을 발견한다

당신을 이끄는 원동력은 무엇인가? 매일 아침 일어나 하루 일과를 실행하는 동기는 무엇인가? 당신의 원동력과 동기는 크든 작든 당신의 변화를 돕기 위해 반드시 파악해야 하는 것들이다. 현실을 직시하자. 당신에게는 매일 무엇을 '해야 하고' 무엇을 '하지 말아야 하는지'에 대한 정보가 쏟아진다. 당신은 살을 빼야 하고, 모르는 메일 주소에서 날아온 첨부 파일은 열어보지 말아야 하고, 운동을 해야 하고, 커피를 마시면 안 되고, 가족과 시간을 더 많이 보내야 하고, 일을 너무 열심히 하면 안 되고, 더 많은 성과를 올려야 한다. 이런 목록은 나열하면 끝도 없다.

정보로 가득 찬 삶 속에서, 이 책이 제시한 전략들은 이리저리 휩쓸리다가는 잊어버리기 쉽다. 이 프로그램을 잘 따르고 있음을 확인하는 방법 중 하나는, 이 책에 나온 원칙들을 당신의 목표나 동기와 의식적으로 묶는 것이다. 예를 들어, 지구에서 살아가는 주된 목적이 당신과 만나는 사람들의 삶을 향상시키는 것이라면, 당신의 코칭 스타일은 그런 사명과 어떻게 맞아떨어지는가? 이런 물음에 자신의 정서와 욕구를 연관시킬수록 실행 가능성은 높아질 것이다.

## 자신의 옵션을 논의하거나 탐구한다

코치로서 우리는 당신이 3D 코칭 모델을 완벽하게 따르리라고는 기대하지 않는다. 사실 이 모델을 자신의 성격과 목적에 맞게 변형하는 것이 당신에게는 더 좋은 일일 수 있다. 이 모델에서 마음에 드는 것과 마음에 들지 않은 점을 놓고 자기 자신과 논의해보라. 어떤 것이 당신에게 맞고, 어떤 것이 더 잘 맞는 것이라 판단하는가? 생각한 것은 따로 적어두고 자주 들여다보면서 당신에게 가장 좋은 길은 무엇인지 탐구해보라. 당신에게 플러스가 되는 것과 마이너스가 되는 것은 무엇인지 목록을 만들어볼 수도 있다.

혼자 또는 머릿속에서 이런 일들을 하는 것보다는 다른 누군가와 이야기를 나누는 것이 훨씬 더 좋다. 코치를 고용하거나 친구를 한 명 붙

잡고 이 책을 같이 읽자고 청하는 것이다. 그런 누군가와 같이 이 책의 모델을 완전히 이해하고 차근차근 단계를 거쳐보라. 어느 쪽을 택하든, 이 책의 원칙과 전략들을 토의하여 확실히 당신 자신의 것으로 만들거나, 우리가 제안했던 것보다 당신 자신에게 더욱 잘 들어맞는 원칙과 전략을 세우기 바란다.

## 어떤 접근법이 자신에게 최고인지 결정한다

우리는 코치 입장에서 당신이 자신의 삶에서 전문가로서 능력 있고 재능이 뛰어난 사람이라는 것을 믿는다. 당신은 당신의 특성과 습관과 기술을 고려해 우리가 제시한 과정에 대해 올바른 결정을 내릴 것이다. 우리는 그저 당신이 '결정하기'를 원할 뿐이다! 지금까지 당신이 다른 책들을 통해 경험했던 것처럼, 이 책을 열심히 읽고 나서 책장에 꽂고 나중에 다시 읽어봐야지 하고 다짐하는 절차는 밟지 않기를 바란다. 지금 당장 이 책을 버리든가, 이 책의 일부를 활용하든가, 이 책의 내용을 실천하라. 어느 쪽이든 명확하게 결정해서 지금 당장 하라.

습관을 바꾸려면 빨리 시작하고, 처음부터 강하게 시작하고, 꾸준하게 유지하는 것이 필수이다. 이 장에 딸린 실행 과제는 당신이 '기술 변화'를 진전시켜 실천 계획을 세울 수 있게 도와줄 것이다. 그리고 이 책에 투자한 당신의 노력을 돌려받을 기회를 극대화하기 위해서라도 다음의 실천 사항을 꼭 지키기 바란다.

오늘부터 당장 시작하라. 다음 주까지 기다리지 말라. 실행 과제를 다 하지 않았다면 안 했던 부분으로 돌아가서 답을 작성해보라. 우리도 당신의 기분을 잘 안다. 우리도 실행 과제를 하기 싫을 때가 많다. 하지만 이렇게 하는 것이야말로 당신이 이 책을 최대한 활용하는 방법이다.

신뢰할 수 있는 파트너를 구하라. 이 책의 원칙들을 활용해 이익을 얻을 수 있고 같이 논의할 수 있는 영업인을 찾아라. 처음 한 달 동안은 1주일에 한 번 만나서 이 책에 소개된 기법들을 어떻게 활용했는지 토의하고 다음 주까지 해야 할 새로운 행동을 결정하라. 그렇게 하면 이 책의 전략들을 완벽하게 실천에 옮기는 데 도움이 될 것이다.

이 책에 소개한 모델에 집중할 수 있도록 매일 확인하는 시스템을 정립하라. 컴퓨터 워드 파일로 기록하고, 기법을 적어놓는 수첩을 마련하고, 거울에 쪽지를 붙여놓고, 가족이나 배우자에게 코칭 과정이 어떻게 되어가고 있는지 물어봐달라고 부탁하는 것 등이 그것이다.

이 책의 부록으로 3D 코칭 모델 전체를 요약해놓았으니 검토해보기 바란다.

그리고 이 책을 다시 읽어보라.

3D 코칭 모델로 바꾸는 과정을 시작하기 위해 다음에 나오는 질문들에 답해보라.

**1.** 이 책에서 당신 눈에 띄는 가장 중요한 원칙이나 기법, 전략은 무엇인가?

**2.** 이 원칙을 어떻게 실행으로 옮길 것인가?

**3.** 어떻게 이에 대한 의무를 지울 것인가?

**4.** 당신이 진척을 보여왔는지 파악하기 위해 어느 시점에서 자신을 확인해볼 것인가?

### 실행 과제 1 더욱 광범위한 실행 계획 마련하기

더 큰 성과를 기대하는 사람들을 위해 각각의 장별로 이 책을 재검토하면서 영업 코치로 변화하는 데 전념하기 위해 다음 질문에 대답해보라.

• 1장

**1.** 1장의 마지막에서 했던 평가를 다시 점검해보라. 이 책을 끝낸 지금, 당신의 영업 스타일을 코치로 바꾸기 위해 계속해서 집중해야 할 영역은 어디인가?

**2.** 상담을 하고 코칭한 후에 사람들이 당신을 어떻게 표현하기를 바라는가?

**3.** 이 일을 가능하게 하기 위해 측정 가능한 행동 계획은 무엇이며, 언제까지 실천

할 것인가?


• 2장

**1.** 자신감을 얻기 위한 다음 영역 중 어떤 길을 선택하고 싶은가?(지적·감성적·행

동적·관계적·영적)

**2.** 이 일을 어떻게 착수할 것인가?

**3.** 언제까지 이 일을 할 것이며 성공했는지 어떻게 알 수 있는가?


• 3장

**1.** 유능한 코치가 갖춘 일련의 기술들을 검토해봤을 때 개발하고 싶은 기술은 무엇

인가?

**2.** 이러한 기술들을 향상하는 일을 어떻게 시작할 것인가?(관련 서적 읽기, 훈련에

참가하기, 코치 고용하기 등)

**3.** 언제까지 할 것인가?


• 4장

**1.** TBOP 과정과 반성적 재검토를 다시 점검하라. 언제, 어떻게 이 과정을 실행에 옮

길 것인가?

**2.** 누구에게 책임이 있는가?

**3.** 이 과정이 효과를 발휘하면 성공을 어떻게 축하할 것인가?

•5장

**1.** ‘논의’ 단계를 다시 검토하라. 영업 실적과 과정을 향상시키기 위해 스토리보딩을 어떻게 활용할 수 있는가?

**2.** 최신의 흐름을 파악하고 있고, 가장 효과적인 해결책을 사용하고 있다는 점을 확실히 하기 위해 3포인트 플레이를 얼마나 자주 재검토할 것인가?

**3.** 이 점에 대해 정기적으로 얼마나 자주 자신을 일깨울 것인가?


•6장

**1.** ‘결정’ 단계를 다시 점검하라. 고객들이 결정을 내리도록 코칭하는 기술을 향상시키는 데 도움을 주기 위해 실행에 옮기려는 것은 무엇인가?

**2.** 이것을 어떻게 실천할 것인가?

**3.** 언제 시작할 것인가?


**실행 과제 2**  실천하라!


이 책은 이제 여기서 끝난다. 이제는 실천하라! 영업인으로서 그리고 코치로서 능력과 영향력을 지속적으로 키워나가기를 바란다.

3D 코칭 모델을 쭉 살펴봄으로써 약간은 두려울 수도 있다. 이 과정의 세 부분을 다음과 같이 요약된 형태로 마무리해보자.

■ 발견–드러내고 반영하기( Reveal and Reflect)

1. 고객과 감성적인 연결고리를 만들고 협력을 강화하기 위해 가벼운 대화를 이용하라.

2. 고객의 관점을 밝히고 이를 반영하는 과정을 따르면서 고객의 니즈를 완전히 이해하기 위해 TBOP 공식을 사용하라.

✓ 전환하기: 대화 목적에 맞게 곧바로 유도하라.

- 자신감, 자발적 의지, 준비성을 표현하는 말로 시작하라.

- 목표에 대해 물어보라.

- 목표에 대해 구두로 동의를 끌어내라.

✓ 혜택: 고객이 자신의 목적을 달성했을 때 얻을 수 있는 혜택에 대해 그림을 그릴 수 있게 도와주어라.

✓ 장애물: 과거에 고객이 목적에 이르는 것을 막은 (그리고 구매를 막은) 것을 드러내고 반영하라.

✓ 계획: 과거와 현재의 구매 계획을 드러내고 반영하라.

**1.** 편안함과 신뢰감을 키우는 데 있어 고객의 유형에 맞춰 TEAM 코칭 도구를 활용하라.

**2.** 당신이 고객의 관점과 동기를 전적으로 이해했는지를 매끄럽게 확인시키고 보여주기 위해 반성적 재검토를 활용해 '논의' 단계로 자연스럽게 넘어가라.

• "제가 제대로 이해했다면 ＿＿＿을 원하신다고 (목표 언급) 말씀하시고 계신데요, 그것이 ＿＿＿을 주기 때문이라고 (혜택 언급) 하셨습니다. 그리고 과거에 이를 막은 것은 ＿＿＿했을 때 (계획 언급) ＿＿＿때문이라고 (장애물 언급) 할 수 있군요. 맞습니까? (동의 구하기) 좋습니다. 이제 제가 하려는 것은 고객님의 생각과 제 아이디어의 ＿＿＿ 일부를 더해 고객님을 위한 좋은 해결책을 만드는 데 협력할 수 있는 길이 있는지 살펴보는 일입니다. 이것에 대해 지금 살펴보면 어떻겠습니까?"

일단 동의를 구하고 나면 '논의' 단계로 넘어가면 된다. 고객이 저항하는 분위기라면 이 모델의 앞으로 다시 돌아가서 무엇을 놓쳤는지 살펴보거나 그 잠재고객이 구매할 준비가 안 되었다고 결정하면 된다.

#### ■ 논의 단계-나누고 / 중지하고 / 동의하기(Share / pause /agree)

**1.** 당신 상품이 제공하는 해결책에 대한 카테고리를 준비하기 위해 스토리보딩이라는 코칭 도구를 사용하라.

**2.** '윤활유'와 같은 매끄러운 질문을 이용하여 해결책으로 이어지게

하기 위해 3포인트 플레이를 하라.

✓ 공유 포인트 #1

- 고객의 초기 목표와 연결하라.

- 고객에게 질문을 하고 고객과 함께 체크하라.

✓ 공유 포인트 #2

- 고객의 초기 목표와 다시 연결하라.

- 고객에게 다시 질문을 하고 고객과 함께 체크하라.

✓ 공유 포인트 #3

- 고객의 초기의 목표와 다시 연결하라.

- 고객에게 다시 질문을 하고 고객과 함께 체크하라.

• 반성적 재검토를 이용하여 '결정' 단계로 자연스럽게 넘어가라.

• 고객의 목표에 잘 맞추어 공유 포인트 #1, #2, #3에 대해 "당신이 동의를 한 것 같습니다. 맞습니까?" 라고 묻는다.

## ■ 결정 단계 – 협력과 책임 형성하기

**1.** 결정을 위해 CAT 모델을 활용하라.

- 협력적 계약 체결: 자유 개방형 질문을 활용하여 결정이 내려졌는지 파악하라.

- 행동 단계: 영업 과정의 다음 단계를 형성하기 위해 고객과 협력하라.

- 시기 선택과 사후 조치: 발전을 측정하기 위한 책임 계획을 결정하라.


**2.** 고객의 거절이나 주저를 다루기 위해 코칭 도구인 APPA 활용하라.


단번에 하기에는 벅차 보이는 과정이지만, 각 단계를 차분히 밟기 위해 시간을 내라. 충분히 보람 있는 시간 투자가 될 것이다.